唯一無二の「声」と「間」で紡ぐ

情熱が伝わる言葉の力

窪田等

KADOKAWA

はじめに

『情熱大陸』のナレーターが「伝わる」ために考えていること

テレビをつければ聞こえてくる、さまざまな音。

出演者の声であったり、撮影現場の音であったり、物語を盛り上げるための音楽であったり――。

それらに加えて聞こえてくるのがナレーションです。視聴者のみなさんが番組の内容を理解しやすいように、映像に対する解説や登場人物の心情を伝えたり、番組を進行したりします。

この役割を担うのが私たち「ナレーター」です。

みなさんがテレビ番組などをご覧になっていて、ナレーションが内容を理解する助けになったり、番組をより楽しむきっかけとなっているのであれば、これ以上うれしいことはありません。

私はナレーターとして、**「わかりやすく伝える」ことを第一の使命**と思って仕事をしています。

使命というと少々堅苦しいですが、いちばん大切にしていることと言い換えても良いかもしれません。この考えのもとナレーション原稿（台本）を読むよう心がけています。そのうえで楽しく、悲しく、前向きに、厳かに……など、その状況に適した感情を表現して、観ている人にその情景をわかりやすく届けます。ナレーターそれぞれ考え方は異なるでしょうが、私にとってはこれがナレーターの仕事だと思っています。

つまり、「読む」「話す」ではなく、「伝える」ことこそが私の仕事。そして、最終的に視聴者のみなさんに「伝わる」ことが仕事のゴールだと思っています。

当然ながら視聴者のみなさんはナレーション原稿を読んでいません。ナレーターの語った言葉だけが映像に映る世界を理解する手助けとなります。

だからこそ原稿には、視聴者のみなさんが内容を理解するための言葉が吟味され書かれています。そこに読み手本位の言葉を足したりしていくと、リアルな世界観を感じ取りにくくなってしまいます。一方で、台本に書いてあることをただ読んでいくだけでは、世界観は十分に伝わらないと思います。

私が考えるナレーションは、視聴者本位の姿勢がなければいけないと思っています。自分の中にある主張を優先するのではなく、自分の中に構築された番組の世界観に則って、「こう読んだ方がわかりやすいのではないか」という感覚を常にもっておくこと。**「伝える」という行為はあくまで受け手優先であるという意識が必要なのだと思います。**

加えて、受け手のことをさらに考えれば、求めるべきは「伝わる」ことでしょう。台本のこの文章は何を伝えようとしているのか。どういう意図でこの文章が配置されているのか。それらを理解したうえでどう読めばわかりやすくなるのか。

こうした、視聴者にいかに伝えるか、**創意工夫の積み重ねが「伝わる」につながる**のではないかと思っています。

——伝える方法はひとつではない

正解があれば楽なのですが、伝える方法は実にさまざま。人によってまったく異なります。

同じものを見ても人によって捉え方や感じ方が違うように、映像や台本を見てナレーターが感じることも千差万別です。

そうして捉えたもの、感じたことをいったん自分の中に落とし込んで、そのうえで映像を立たせるために自分だったらどういうふうに表現するか、どんな間の取り方であれば視聴者のみなさんがわかりやすいかと考えることが、それぞれの言葉に彩りを加えます。結果として、さまざまな表現方法が生まれます。

そうした表現方法の中から「伝わる」ための自分なりのベストを探していきます。

だから私は**「ミスをしない」ことよりも、「よりよくする」**ということを常に意識して仕事に臨んでいます。

収録の現場では、緊張感はあっても過度な緊張はしません。失敗してもやり直せばいいと思っているからです。もちろんミスをすれば収録スタッフに迷惑をかけるので、そこは申し訳ないと思いながら、その分スタッフに納得してもらえるようなチャレンジをしたいと思っています。

そもそも、間違えないように読むことを最優先にすると表現の幅が狭くなり、それこそ視聴者のみなさんや制作スタッフが満足するような仕上がりにはなりません。

また、TV番組に限って言えば、ナレーション原稿は収録当日に渡されるのがほとんどなので、下準備はしません。明日はどういう読みをしようかと考えることもありません。映像と音、ナレーションの三つが揃っている収録現場での初見の感覚が大事です。

自分にとって最善の伝え方を模索する

これらはなにも、ナレーターの仕事に限った話ではないでしょう。どんな仕事でも、肩の力を抜いたり、メリハリをつけたりするということは案外大切なのだと思います。

自分がやれることに対して、過度に緊張することも、よほどの大一番を除けばそうないのではないでしょうか。**自分がやれる範囲のことに精いっぱい取り組めばいい**と思います。

上手に伝えようとするとき、人が変わったような流暢な喋りなどが求められるわけではありません。そうでなくとも、日々の暮らしや仕事であまりに肩肘を張っていると、うまく喋れず、自分の伝えたいことを伝えられないと思います。

人は人とコミュニケーションをとるとき、無意識に自分の心情に合わせた伝え方をしてしまうものです。

「わかりますか?」という言葉ひとつとっても、相手に寄り添う気持ちがあれば柔らかくなりますし、何かしら気が立っているときには言葉の圧も強くなりがちです。そうして放たれた言葉は、大抵そのニュアンスを伴って相手に受け入れられます。伝え方ひとつで相手に与える印象や意図は、言葉そのものを超えて伝わるでしょう。

頭で考えていることや感じていることなどは、それを言葉に乗せなければ伝わりにくくなります。それが原因で自分の意図していることと違う伝わり方をしてしまった……。それで嫌な思いをしたという経験がある人もなかにはいるのではないでしょうか。

反対に**気持ちが乗った言葉で話すことで自身がもつ情熱が伝わったり、真意を受け入れてくれたりするのもまた事実**だと思います。

伝えることを試行錯誤してきた

私自身が仕事にしているからということを差し引いても、「伝え方」というのは人と人を結ぶ重要なツールだと思います。

この「伝える」という行為は、日々の暮らしからビジネスまで、およそ人とかかわる全ての状況で求められるものです。現在、インターネットやスマートフォンなどの技術的な進化でコミュニケーションのあり方が実に多様になりました。それでも、「伝わる」ことの本質は変わらないように思います。

「伝える」ことを生業として数十年間、いろいろと試行錯誤してきました。そして、その試行錯誤は今も続いています。

「どう読めば、わかりやすいだろうか」
「こうすればよりかっこいいと感じてもらえるかもしれない」
そうしたことを考え続けるのは決して苦しいことではなく、この仕事が好きだからこそです。「上手に話したい」という思いのままに、ここまでナレーターの仕事を続けてきました。

もちろん伝える方法はひとつではありませんし、正解もありません。

私は大好きな仕事に巡り逢えて、その仕事を長年、一生懸命やってきただけのこと。今回、本を出しませんかとお話があり、正直とても悩みましたが、私が思う「伝える」という事が誰かの役に立つことがあればと思い、お受けすることといたしました。「伝わること」を何より意識して仕事をしてきた私の経験から少しでも感じ取ってもらえるものがあればと思っています。

ただし、私にお話しできることはあくまで一ナレーターとしての経験から得たものです。ナレーションの技術を日常生活の中に落とし込むのは難しいですし、私自身もプライベートでそこまで意識して話せているわけではありません。そもそも私自身、仕事以外で話すときは少々早口になってしまう性質（たち）でもあり――。

ですので、本書は「伝わる」ための取り組み、考え方のひとつの例として、読んでもらえればと思います。

経験してきたこと、考えてきたことが読者のみなさんへ率直に伝わればと思い、『情熱大陸』（毎日放送／TBS系列）など私が担当するナレーションの現場の舞台裏についても多く書きました。「そういうことを考えながら収録しているんだな」などと楽しんでもらいながら、日々私が「伝わる」ために何を考えているか、感じ取っていただけたらと思います。

私自身が私なりの伝え方を探してきたように、あなたにはあなたの伝え方があります。

本書をきっかけに「伝わる」ための方法を考え、あなたにとって最適な伝え方を見つけてもらえれば、これ以上うれしいことはありません。

2024年9月

窪田 等

第1章 伝えることへの情熱をもつ

第2章

状況と気持ちが伝わる言葉の選び方

第3章　相手に正しく伝わるための話し方

第4章

チーム力を引き上げるコミュニケーション

第5章

「伝わる」ために日々考えてきたこと

編集　田村真義（KADOKAWA）
装丁・本文デザイン　須貝美咲（sukai）
編集協力　金丸信丈・花塚水結（ループスプロダクション）
DTP　竹崎真弓（ループスプロダクション）
イラスト　小野塚綾子
校正　東京出版サービスセンター

第1章

伝えることへの情熱をもつ

1 いい声との出合いがナレーターに向かわせた

ナレーターという仕事をなぜ選んだのか

私がナレーターという仕事を意識した最初のきっかけは、高校時代の先輩との出会いです。

学校の講堂でクラブ紹介の司会をしていたその先輩がとてもいい声で、話し方も品があり素敵でした。私もそんなふうに話したいと思い、放送委員会に入りました。

小学生の国語の時間に、担任の先生から「ハッキリしている声だ」「アナウンサーになるといい」などと声を褒められ、自分の声が聞きとりやすい声だという自覚は少なからずありました。

また、中学生のころに観ていた『ディズニーランド』というテレビ番組で「ナレーター：黒沢 良」というテロップが出て、**映像に合わせて声だけで状況を説明していく仕事、すなわちナレーターという職業があることを知りました。**

ただ、知りはしたものの、ナレーターになりたいといった意識はなく、**高校時代もただただその先輩のような声で、ああいうふうに話せるようになりたい、と考えていただけです。**

頭の中にあったのは、「丁寧に話さなければならない」「優しく喋らなきゃいけない」と、そのことだけ。その人がとても優しい話し方でしたから、その話し方への憧れだけはもち続けていました。

くすぶり続けた思い

放送委員会に入って活動をしていく中で「上手に話す」という思いは校内の連絡放送や、昼休みに流す音楽番組で終わります。高校を卒業し、ある通信系機器を扱うメーカーに就職しました。

実は飛行機の整備士になりたいと思っていたため、航空会社の入社試験を受けたことがあります。そこで併せて身体検査が行われたのですが、そこで疾病の懸念が見つかり、20日間入院することに――。この時点で、整備士の夢は潰《つい》えます。

その後、教師の勧めもあって、いったんはメーカーに就職するわけですが、いい声で話したいという気持ちは、私の心のどこかでくすぶり続けていました。ただ、就いた仕事に、特に強い不満などがあったわけではありませんし、それは漠然としたものです。

転機は、そうした会社員生活の日々の中で訪れます。残業もしっかりやり、真面目に働きました。そんなある日、会社で仕事を終えて帰る電車で、ナレーターの養成学校が受講生を募集する中吊り広告が目に留まりました。「ナレーター」という文字に惹かれたんですね。

忘れていた心に灯がともった瞬間でした。また、「声の勉強」をやってみようと思い至りました。

勤務の傍ら、ナレーター養成学校に通う日々が始まりました。

そして、養成学校は1年で修了。やがて職場に電話がありました。プロダクションから仕事の依頼です。指定された日は、休みをもらい、CMナレーションの仕事をしました。その2週間後、再び仕事の連絡が……。その日は休みが取れず、依頼を断ることにしました。

そこで考えました。こんなことでいいのか。**やはりナレーションの仕事がしたい**。ナレーターの道で生きていきたいと決意し、会社を辞めるに至ります。

養成学校に通う中での決意

ところで、養成学校に入った当初は、周りが上手な人ばかりで戸惑いました。私はまるっきりの素人でしたが、養成所にはアナウンサー志望や役者志望で、下地となる経験がある人も多く、高校時代に放送委員会で少し勉強したくらいの私は門外漢と言える存在でした。

そのため、**ほかの人に比べ、余計に直すところがいっぱいあるわけです。余計に負けてなるものかと思いました。**

直すところがたくさんあるから、先生にたくさん注意されました。私は山梨の出身で、お国なまりというか、話すとき、母音の無声化ができないことや、言葉のアクセントが違うところがかなりありました。常に先生に注意されます。

しかし、何度も注意されれば、正しいアクセントが身についていき、読み方も上手に

なっていきます。

思い返せば苦しい時期ではあったのですが、なまりも克服し、上手に読めるようになっていくのが、それ以上にうれしかった。特にアクセントが違うと先生に怒られながら取り組んでいたので、勉強していくゴールが明確に定まったのもよかったのだと思います。

いい声の人はたくさんいる

できなかったことが、できるようになっていく。そのことが単純にうれしかったことを覚えています。とにかく周りの人たちについていかなければとがむしゃらに取り組んでいましたが、いつしか先生にも認めてもらえるようになって、そうしたこともモチベーションにつながりました。

例えば、周りの人とアクセントがこんなにも違うものかと愕然としていたところからスタートしたのが、やがて講義中に先生から、だいぶ直ってきたねと褒められ、少しは上達したのかもしれない、と。ほかにも、柔らかくていい声だと言ってもらったり――。

注意されるのが嫌で、読むことがつらいときもありましたが、こうなると読むのが楽しくなり、聞いてほしいと思えるようになりました。

ただ、それでも自信はもてませんでした。電車に乗っていて、乗客の会話が聞こえてくると、響きの良い声の人がいくらでもいます。要するに、**世の中に「いい声」の人はたくさんいて、その中で私は「いい声」とは少しも思いませんでした。**

当時は「いい声だね」と言ってもらうと、「読み方がわかりやすいからではないですか」と常に訂正していました。

今でも自信がないことがある

養成学校に通い始めたころは、欠点であった母音の無声化もアクセントについても徐々に改善されていったので、ナレーターとして仕事をいただき、またキャリアを重ねることができましたが、今でもアクセントに関しては完璧ではありません。まだまだ自信がないところがあります。

『NHK日本語発音アクセント新辞典』(NHK放送文化研究所)という辞典があるのですが、このスマホアプリを常に利用しています。アクセントに関して少しでも不安を感じたら、すぐ調べて確認します。

私にとって利用頻度の極めて高い、大事なツールのひとつです。

2 自分の声をはじめてテレビで聞き愕然とした

デビュー戦は「素人っぽさ」を買われた

最初にいただいた仕事は、テレビCMのナレーションでした。今でも覚えています。仕事を始めたばかりのころのことなのに、忘れないものですね。初仕事は、長い歴史をもつ会社のテレビCMでした。

仕事の内容は「この放送が気になったら、○○会社の□□をお使いください」というコメントを読み上げるものでした。新人ですから、当然指名されたわけではなく、オーディションで得た仕事です。何人か呼ばれてオーディションが行われ、そこで私に決まり、後日、収録が行われました。

収録当日は、はじめての仕事を無事終えることができたという安堵だけで家路につきました。

そして、**いざ、そのCMを自分の耳で聞いたとき……、愕然としました。**

「なんだ、この下手な読み方は……」

しかし、そこが制作側の狙いだったようです。かっちりとした読み方ではなく、素人っぽさを求めていたわけです。

クライアントやディレクターとしては満足できる出来だったのでしょうが、読んだ本人にしてみれば、愕然としてしまう出来でした。**それほどに私は下手なのかと、そこではじめて自分の未熟さを認識したわけです。**

素人っぽさが狙いだったと知ったときは、とても恥ずかしかった。

この声で世の中にデビューしたのかと思うと、クライアントやプロデューサー、ディレクター、なにより視聴者すらも気にはしていなかったでしょうが、ただただ自分だけがものすごく恥ずかしかったですね。

この悔しさから、ほかの一線で活躍するナレーターの声、読み方をより意識して聞くようになりました。ベテランナレーターの「いいな」と思う読み方を真似したり、とにかくあがいたものです。

わけもわからぬまま注文に応える日々

ほろ苦いデビュー戦となりましたが、次にいただいた仕事では、多少は満足できる出来であったと思います。

次の仕事もテレビCMで、商品名を叫ぶというものでした。これもオーディションで決まったものです。

このときはとても綺麗な声が出たと感じました。爽やかな声で、私自身とても納得がいくものでした。

そうして、徐々にいただいた仕事に取り組んでいくわけですが、**いろいろ注文をつけられて、それに応えようとしているうちに、だんだんとうまくなっているという実感が**

ありました。

しかし、あくまでダメ出しをしてくれる人や、教えてくれる人がいたからこそです。自分の仕事ぶりにある程度は満足しながらも、常に自分は下手なんだという思いはもち続ける日々が続きました。

こうして、プロのナレーターとしてデビューできたわけですが、周囲の人にそのことを話すことはありませんでした。

うまい、下手にかかわらず、「今度、テレビCMのナレーションを収録するよ」などとは、恥ずかしくて言えません。今でもそうですが、あまり自分から自分の担当する作品をぜひ観てほしいと言えるタイプではないですね。

息子が選んだ道であれば、それでいい

随分前の話ですから、ナレーターという職業で生きていくというのは、世間から見れば、まっとうな道から外れたという印象もなくはありません。

ただ、両親から心配されることはありませんでした。

ナレーターの道を歩もうと決めて会社に辞表を出したとき、会社から両親に電話がいったらしいのです。勤務先は大手企業でしたし、当時の価値観では、上司からすれば預かったお子さんを路頭に迷わせてしまうかもしれないと心配してくれたのでしょう。

後日、その話を聞いた際に両親に、「なんて答えたの」と尋ねたら、「息子のことは息子のことですから、息子がやりたいことに口は挟みません」と答えたそうです。そういう両親でした。

その話を聞いて、私もそんなもんだろうと思いました。**周りの人に言われて道を変えるわけもありません。自分で決めることですから。**

3 会社を辞めて
ひとりのプロとして生きていく

人とのつながりで仕事を得る

先ほどナレーターとしてのひとつ目の仕事についてお話ししましたが、もちろん、養成学校を卒業したからと言って、すぐに仕事をもらえるわけではありません。

ただ、幸運にも会社を辞めた後、友人の紹介ですぐにアルバイト先が見つかりました。私がナレーターになろうとして会社を辞めたことを知った友人が、人づてに紹介してくれたのです。

テレビ局の収録で使う台本を印刷・製本したものを、運ぶ仕事でした。アルバイトをするなら少しでもナレーターの仕事に関係した仕事がいいと思っていたので、まさに渡りに船でした。二つ返事で「やる」と答えて、アルバイトをしながらナレーターの仕事をもらう生活が始まりました。

そして、幸運がやって来ます。

ある日、アルバイト先に大手広告代理店のラジオＣＭディレクターがやってきました。私はビックリしました。養成学校でラジオＣＭナレーションの講師をしてくれた方だったのです。なんでも、この印刷会社に縁があり、私用の印刷物の依頼に訪れたとのことです。そして、「ここでバイトしているのか。今度、ラジオＣＭの特別講座を開くけど、君も来ないか」と言ってくれました。講座に参加したのはもちろんです。

その後、実際にラジオＣＭに私を起用してくれました。すると、所属事務所の私に対する見方も変わり、仕事を斡旋してくれるようになりました。

友人がアルバイトを紹介してくれなければ、そこで偶然ディレクターと出会わなければ、今の私はなかったと思います。

人生というものは、仕事というものは、人との出会い、つながりによって成り立つものだとつくづく思います。

いかに働いて生きていくか

話は戻りますが、無職の時期が短くてすんだというのは、気持ちの安定にもつながりました。

会社員時代は毎日会社に向かい、仕事をして、毎月決まった額の給料をもらうという生活ですから、ある程度将来設計を描くことができました。そうした状況が一切なくなって、生活費を稼がなければという気持ちをもつようになります。

それでも、今の時代に比べて、当時はそれほど世間に閉塞感がなかったように思います。いざとなったら何でもして食べていけるだろうと、漠然と思っていました。

それでも会社を辞めることは正直に言えば怖かったのですが、ナレーターになるためには辞めるしかありません。

そもそも前職の仕事は嫌で辞めたわけではなく、むしろやっていて楽しいものでした。モノをつくって精度を高めていくという仕事で、性に合っていたように思います。それが憧れていた「声の仕事」に出合ったものだから、いてもたってもいられずに――という経緯ですから、ふと我に返って、「さて、これからどうやって食べていこう」という感じでした。

今振り返れば、**漠然と夢を追うというより、いかに働いて生きていくかということを考えた日々であった**ように思います。

そう思っていた矢先のアルバイトですからナレーターの道を見失わずにすみました。なかなか仕事にありつけずお金もないとなったら、もしかしたらナレーターになることをあきらめていたかもしれません。

アルバイトではありますが、働く場所があるというのは恵まれていることなんだなと当時は思ったものです。食い扶持を稼ぐことへの不安が解消され、ナレーターとしての仕事が来るのを待つことができました。

4 やりたい仕事をやり続けるため自分の仕事を楽しむ

未知の世界で「飯を食べていく」覚悟

私がナレーターを志した当時、ナレーターという仕事は世間でそれほど認知されていたわけではありません。志望者も今と比べれば多くはありませんでした。そもそも、ナレーターが足りないから養成学校をつくったわけですから、強い意志さえあればナレーターになれた時代だったのかもしれません。

ただ、そうした状況は未知の世界で飯を食べていくという覚悟を伴うものです。

私個人はアルバイトの件も含め、ある程度恵まれたスタートを切れたから続けることができたのだろうとは思います。それでも、テレビの現場にいる後輩たちが、すぐに辞めてしまうのはもったいないなと感じてしまいます。例えば、番組をつくりたくてテレビの制作会社に入社したのに、それでも辞めてしまうのはなぜなんだろうと思ってしまうのです。

結局のところ、待遇の問題なのでしょうか。そのあたりは辞めた本人にしかわからないことではありますが、苦労してでもやっていこうという意識があったのか、少々疑問です。ただし、ここで私が伝えたいのは嫌なことでも我慢してやれというような話ではありません。**「自分がやっている仕事を楽しめ」ということ**です。

特に今の若い世代のみなさんは、どうしても仕事を理屈で考えて、これをやらなきゃいけない、次にあの作業をやらなきゃいけないなどと考えて、行動も考え方もガチガチになり、追い込まれているようにも見受けられます。

仕事を進めるうえでは、気が進まなくてもやるべきことはあります。そうした仕事をやったうえで、**仕事の「全て」ではなく「一部」でいい。その一部を楽しめたら、「自分だったら、こう表現しよう」「こういう表現もできるのではないか」と、仕事に対して少し前向きに考えられる**のではないでしょうか。

自分を活かせる仕事が楽しい仕事

一口に「仕事を楽しむ」と言っても、それが難しいことは百も承知です。しかし、自分が志した世界で、自分を表現できることがひとつでもあれば、仕事を楽しめるのではないでしょうか。

私自身も思うように喋れなくて苦しむことがありますが、それでも**自分でやるしかないから、苦しいけれど終着点まで変化していく様を、ある意味楽しんでいる。**そして、OKが出たときの喜びは言うまでもありません。

例えば、ビジネスパーソンの方なら、営業で苦しみながらも契約を取れたとき。商品の質が圧倒的によくて楽に契約が取れれば、それは楽だけれども、自分自身の考えや思いを表現する必要はない仕事だとも言えます。苦しんだということは、あなたの熱意や価値を表現したことが伝わって契約が取れたということです。充実感もあり、喜びもひとしおなのではないでしょうか。

仕事をするうえで、自分が楽しめることを選ぶというのは、重要なことでしょう。そして、それが叶えば幸せなことだと思います。どのぐらいの人たちが仕事を楽しめているかと言えば、全ての人とは言えないでしょう。

楽しむためには、自分のことを活かせる仕事に就いているかが、大きなカギになると思います。私にとって、それは「声」でした。

もちろんどんな仕事も制約があるのですが、私自身は生身の体で自分を表現する仕事だから、それが楽しいから、つらいことがあっても、なんとか克服し、続けてこられたと思っています。

とにかく次の仕事をもらうために

今の時代、仕事に対しての価値観はさまざまです。その全て否定されるべきものではありません。

ナレーターになった当初、私の仕事に対する価値観とは、とにかく次の仕事をもらう

ことでした。

とにかくこの仕事で生計を立てられるようにするしかないと考えていました。そのためには、仕事で使ってもらうしかありません。そして、いただいた仕事は失敗するわけにはいかない。良いナレーションをしてクライアントに認めてもらい、その結果、次の仕事をもらえるようにしたいと常々考えていました。

そうした仕事の受注の流れをつなげていくことが、私にとってまず優先されます。そのために、キャリアが浅いときは当然まだ未熟ですから、うまく読めなかったとしても、要望されたことには徹底的に応える。何としても食らいついて結果を出す。そんな思いでした。

めげずに「もう一回やらせてください」

一度仕事を受けたら、ディレクターの要求に対して「できません」とは言えません。ダメ出しされたら、**「わかりました。もう一回やらせてください」と、OKが出るまで何回でもやろうという気持ちは、絶えずもち続けていました。**

つまり、**「自分に対してあきらめない」ということ**です。

次の仕事をもらう。そのために最も心がけていたことは、自分の能力、スキル、可能性に対してあきらめないこと。

下手だけども……でも、めげない。めげずに、めげずに、とにかく来た仕事は一生懸命、どのような指示が出されようが、とにかくやってみる。

それでも、ときには納得がいかずめげてしまうこともあります――自分に対して。でも、それでも、気持ちを新たにしてまた向かっていくしかありません。

第 2 章

状況と気持ちが伝わる言葉の選び方

1 限られた時間で端的に伝える

少年のころから続く「伝えたい」という思い

聞く人に丁寧に優しく話したい――。高校生のときに描いたその思いは、多くの人に自分の声で物事を伝えるナレーターという具体的な目標となり、その後、生業となりました。

相手にとって心地よく言葉を大事に表現していきたいという思いは、高校時代から今に至るまで変わりません。プロとしてさまざまな技術を習得してきましたが、その技術の全ては、人々の思いや世界観が視聴者のみなさんにより「伝わる」ためのものです。

私はこのナレーターという仕事が好きです。

映像のつくり手や映像に登場する人たちの思いが伝わってほしいと思っています。好きこそものの上手なれと言いますが、**私はこの仕事が好きで実にいろいろなことを考えてきました。**

ここからは、伝わるためにいかに言葉を大事に考えるか、私が普段取り組んでいることを例にお話ししていきたいと思います。

ただし、人の考えは十人十色です。そうした中で「こう言えば誰でもわかる」というような「言葉の正解」はありません。私の試行錯誤をひとつのヒントに、みなさんそれぞれの伝え方を考えてもらえればうれしいです。

10秒の告知をつくり込んでいく

私がナレーションを担当する番組のひとつに『情熱大陸』（毎日放送／ＴＢＳ系列）があります。１９９８年から放送を開始し、おかげさまで25年を超える長寿番組となりました。

私は番組開始時からナレーションを担当しています。その間、実にさまざまな分野の挑戦者たちの生き方を伝えてきました。

そんな彼らの生き方に触れ、前向きにがんばろうと思ってくれた方がいらっしゃれば、それが何よりだと思っています。私の「伝える」という仕事がひとつの役目を果たすことができたと考えれば、ナレーター冥利に尽きます。

この番組の収録は、まず次回予告から始まることが多いです。

次回予告とは、番組終了後、またはその回が放送される前日から当日にかけて、短い時間でどのような内容か伝えるもの。

例えば「明日夜の情熱大陸は股関節外科のスペシャリスト」といった、取り上げる人物を告げる5秒の短いものから、「今夜の情熱大陸は股関節外科のスペシャリスト。歩けるようになれば、また前に進める――」という具合に内容に踏み込んだ一言を告げる10秒、ないし15秒の映像です。

短いからこそ間が重要になる

放映される日が明日か今夜か、何秒の予告か、など条件によって組み合わせる言葉が少しずつ変わります。合計で10パターンほどを収録することになります。

この次回予告の収録では、**限られた時間で映像とのタイミングを考え、いかにおさまりよくまとめるかを追求していきます。**

読む文章は文字数にして5秒バージョンが20〜25文字ほど。10秒バージョンは35〜40文字ほど。時間や文字数を考えると、それほど選択肢はないように思えますが、コンマ何秒単位で読み始めるタイミングや読むスピード、文章の前後の間を調整します。

興味をもって観てもらうための予告ですから、時間は短くとも視聴者にとって印象に残るものでなくてはなりません。15秒バージョンの次回予告では取材した人の言葉が入りますから、その言葉が視聴者にしっかり届くように、ナレーションの後にほんのわずかな間をつくるなど、考えることは意外と多いものです。

間は適切か、読み終えるタイミングは適切か、言葉を変えた方が良いかなど、スタッフとともに細かく確認しながら、5秒、10秒、15秒ごとの完成度を高めていきます。

『情熱大陸』は、さまざまな分野の第一線で挑戦を続ける人たちが主人公となるドキュメンタリーです。**主役となる人物の背景についての理解が欠かせません。**

ある日の主役は「切手デザイナー」でした。

切手自体は常日頃見ていますが、そのデザイナーとなるとはじめて耳にする人も多いのではないでしょうか。

「会社員なんですか？」

ディレクターからこれから収録する職業を聞いて、最初にそう質問しました。素朴な疑問ですが、職業を語る際にどの立場で仕事をしている人であるかはとても重要なことです。組織において抜擢されたのか、フリーランスとして勝ち抜き仕事を得たのか、それぞれ立場ごとに感じるプレッシャーや責任も異なってくるでしょう。

ちなみに、その問いに対する答えは会社員です。日本郵便の切手・葉書室に所属する7人の会社員がこの回の主役です。

2 収録現場は世界観を深めるための会話の場

原稿と映像には出演者のありのままが映されている

ナレーション原稿を下読みしながら、ディレクターに質問を重ねます。

『情熱大陸』は30分番組です。そのために用意されたナレーション原稿はA4用紙8枚ほど。1枚あたり250字ほどが記載されており、合計で2000字を少し超えるくらいになります。

この文字数は情報番組などと比べると少ないでしょう。この2000字ほどで各分野の一線で活躍する人たちの生き様、矜持を視聴者に伝える役目を担っているわけです。

そのためには、1文字たりともおろそかにするわけにはいきません。

切手の色彩に関わる制作過程や制約の説明をするナレーション原稿は「鮮やかな色彩にも、切手ならではの制約があるそうだ」となっています。続く切手デザイナーさんの発話は「なんか赤が多すぎると……」となっていました。

下読みの際には映像を見ていないので、こうした出演者の発話は、入りの部分以外のことはわかりません。

そのとき、プロデューサーがこの赤色が多すぎるとどうなるかについて教えてくれました。おそらく、私が疑問をもつかもと考え、先に補足してくれたのでしょう。おかげで、私も納得して読むことができました。

そうして、ときに質問しながら主役たちの仕事ぶりに対する感想も併せて口にしつつ、ディレクターの見解も聞きながら、その職業の世界観に入っていきます。

もう少し読み進めると、主役のひとりの経歴を伝える一文が――。中学校の美術の非常勤講師となるも、生徒の絵に優劣をつけることが耐えられず退職した旨が書かれたものでした。

「この人は、本当に絵が好きなんだな」

そう言うと、ディレクターも共感してくれました。

生徒たちが思い思いに描いた絵はそれぞれが満点なのでしょう。でも、教師という立場上、点数をつけていかなくてはならない。絵が嫌になって辞めたわけではなく好きであるがゆえに辞めた——その複雑な気持ちが伝わるようにと私はイメージしました。

人となりが端的に示された一文に対して、「こういう一文があるといいよね」などと感想を交えながら、下読みは続きます。ちょっとした個人的な感想ではありますが、あらためて振り返ると、そうした感想が大事に読もうという意識づけになっているのかもしれません。

仕事内容を理解するのは、ナレーション原稿をさらに視聴者にとってわかりやすいものに磨き上げるために大切なことです。伝わる情報量も大きく変わってくるでしょう。

誤った情報を伝えないために

下読みの段階で主役たちの背景を理解しながら、細かな読み方を確認していきます。例えば「日本の城シリーズ」という固有名詞が出てきました。ある切手デザイナーの代表作です。日本は「にっぽん」とも「にほん」とも読めるわけですが、固有名詞ですから勝手にこちらで決めて読むわけにはいきません。

細かいことだと思われる方もいるかもしれません。しかし、この文言は字幕が表示されることはなく、私が読む言葉だけが視聴者のもとに届きます。**誤った情報を伝えるわけにはいきませんから、その点でも慎重に確認を進めていきます。**

ほかにも例えば「描く」という動詞。こちらも「えがく」「かく」と二通りの読み方があります。

文脈から「かく」が妥当だと私は考えましたが、ディレクターの方に意図があるかもしれません。確認したところ「かく」で問題なかったので、ナレーション原稿に「かく」とルビを振ります。

言葉が重複するのを避ける

次に気になったのは、「複数」という表現。「複数の目でチェックする」という文の後に、切手デザイナーの方が話しているシーンが入り、次は「案を複数つくり、意見を請う」と続きます。文単体では問題ありませんが、続くと視聴者は違和感をもつように思いました。

まず**言葉が重なることを避けたい**し、先に出る「複数」と、後に出る「複数」はそれぞれ指しているものが違いますから、一瞬混乱する人もいるでしょう。

案は何案だったのかをディレクターに確認すると3案であるという回答を得て、「3案つくり、意見を請う」という文章に変わりました。

ナレーションの現場では、単に端麗な文章に調整していくような作業はしていません。この表現はかっこいいなと思う原稿は多々ありますが、そうした文章は十分に構成作家が用意してくれています。そこでの私の仕事は、かっこいい文章をかっこよく伝えることでしょう。

視聴者のみなさんがわかりやすいように、伝え方を吟味していく作業が続きます。もちろん、私ひとりで行っていることではありません。ベテランぞろいの『情熱大陸』のスタッフたちは、私の意図をすぐ汲み取って、適切な回答を返してくれます。今もって、私を成長させてくれる現場だと思っています。

3 映像の中の特定のものに注目してもらう

映像に映ったものを伝えるベストなタイミングを探る

ここからは、私が映像を見ながら原稿を読むテストの際、どういうところに注意しているのか、ひとつずつお話ししていきましょう。

自然の風景を紹介する際には、どれが何であるということをナレーションで明らかにするのは難しいものです。カメラで寄っていたりするとわかりやすいのですが、そういう映像の流れになっておらず、風景の中で、これは紹介しておきたい、明らかにしておきたいといったものがあるとします。

ある映像で、有名な山が映ったとします。富士山のように単独でそびえたつ山であれば、「富士山が見えてきた」などと一言添えれば、画像に映る山が富士山であることがわかります。

しかし、伝えたい山が連峰の中のひとつだとした場合、ただ山の名前だけを読み上げても、どれかわかりません。

例えば、中央アルプス（木曽山脈）の中でも百名山に数えられる駒ヶ岳を紹介したいとき、「駒ヶ岳などが連なる中央アルプス」と読んでも、視聴者からすれば、どれが駒ヶ岳かわかりません。そもそも、私もわかりませんから確認します。

視聴者の立場でわからないことを伝える

山々が連なった状況で、テロップで駒ヶ岳と入れてもわかりません。

ディレクターはどの山が駒ヶ岳であるのかを知っているので、「駒ヶ岳が見えてきた」という文章を用意するのですが、私はわからないので、その旨は率直に伝えます。

あの山が駒ヶ岳だと確認したら、その後は中央アルプスを映す一連の映像の流れを確認しながら、視聴者に伝わるためにどうするかという方法を考えます。

例えば、駒ヶ岳がアップになって、そこから中央アルプスをパン（カメラを水平に左右に動かす動作）していくような映像であれば、駒ヶ岳がアップになったときに「駒ヶ岳」と読めば成立しますが、ここで話す例では、アップの画が入っていない。

その際の対応としてスタッフと現場で考えたのは、パンしていく過程で見える駒ヶ岳が見える瞬間から、「駒ヶ岳をはじめとした中央アルプスの山々」とナレーションを入れるというやり方です。

自分が伝えたいと思ったことに妥協しない

ディレクターとしては、そこまで駒ヶ岳を推す理由はないと考えたゆえの映像とナレーション原稿ですの

で、「私がこだわっただけ」といえば、そのとおりです。

ただ、せっかく「駒ヶ岳」と山の名前を読み上げるわけですし、百名山であるだけあって美しい山です。**視聴者のみなさんにどの山が駒ヶ岳か知ってほしい、伝えたい、と私が感じたがゆえです。**

ただ、そうしようとすると前後がつまったり、逆に余ったりもするわけですが、そのバランス配分は読み方で調整します。

こうしたこだわりは、読み手として、伝えようとする意識の問題でしょう。

映像に伝えたいものがあれば、その点に対して最善を尽くしたいというのが私の考えです。映像もより伝わり、視聴者が得る情報もより深みが増します。

せっかくディレクターやカメラマンが撮ってきた映像ですから、十分に活かしきりた

いものです。その現場にいた出演者も「絶景だ」と言っていましたし、その絶景を視聴者により感じてもらいたいですからね。

4 視聴者にとっては一回だけの言葉を大事にする

前後の文章の意味で読み方が変わる

映像に合わせてナレーションを聞くことも、その映像を目のあたりにするのも、視聴者にとっては一回のみの出来事。繰り返して観てくれる人もいますが、つくり手の私たちは当然、視聴者は一回しか観ないという前提で仕事をしていかなくてはなりません。ゆえに、果たしてこのタイミングで合っているのか、この言葉で合っているのか、ということはスタッフたちと常に考えます。

私がナレーションを担当している番組のひとつに、『THEフィッシング』（テレビ大阪・テレビ東京系列）があります。釣り人や彼らの釣りテクニックに焦点を当てたドキュメンタリー番組で、２００１年から担当しています。釣るときの彼らの考えや釣りの方法、釣った瞬間の感動などを損なうことなく、わかりやすく伝える仕事です。

いろいろと注意点はありますが、なかでも、数字を伝えるときはそのひとつです。

例えば「水深50メートルまで引き上げる」という文章。

それ自体は事実で間違いはありません。でも、そもそもここの水深はどれくらいなのか、どれくらいの深さから引き上げるのか。それによって、この水深50メートルの表現が変わってきます。

水深１００メートルの海で、ほぼ底まで垂らしたおもりを一気に50メートルまで引き上げるのと、水深１００メートルの海で60メートルほどを漂わせていたおもりをそこから引き上げるのでは、その勢いが違ってきます。

60メートルから引き上げるのであれば、50メートルに引き上げるという作業は繊細な調整を行っているわけです。一方で、１００メートル付近から引き上げるのであれば、スピードが求められます。

数字を述べれば具体的であるとは限らない

一口に「50メートル」などと言われると、数字ゆえに具体的に感じて、十分な情報のように思います。しかし、実際のところ、その前後の状況がわからないまま「50メートルまで引き上げる」と読むと、間違えた情報を伝えてしまうかもしれません。60メートルから50メートルまでの10メートルだけ引き上げるのであれば、繊細さのニュアンスを含みながら読み、海底から一気に50メートル引き上げるのであれば力強く読む必要があると考えました。

細かいことを気にするんだなと思う人もいるかもしれませんが、**映像の中でその作業をしている人たちに気持ちを寄せれば、そうした細かいことが気になってくるものです。**

さらに視聴者の気持ちになれば、唐突に感じる人もいるかもしれません。どこまで落としたのかわからない状況――つまり前が省略された状況から50メートルまで引き上げたという結果のみを言われても、ピンと来ないでしょうから。

状況を伝えるためのナレーションなのに、十分に伝わっていないことになります。

であれば、その点を確認して、必要であればナレーション原稿に取り入れることを提案します。足すとすれば、「いったん60メートルまで落とした」といった短い一文ですが、この言葉があるかないかで、原稿を読む私の理解、ひいては視聴者の理解は大きく変わってきます。**何となく映像のみを観ていると見逃してしまう事柄ですが、腑に落ちるまでスタッフといろいろと話をします。**

一方で、何でもかんでも説明をすればいいわけではありません。映像で十分に伝わるから、説明のナレーションを入れる必要はない、という判断もあります。

例えばビジネスパーソンの方がある商品をプレゼンしようとすると、より多くを伝えたくて、情報をつけ足していくことも多いのではないでしょうか。でも、情報が多すぎても受け取る側は全てを理解するのは難しく、逆に説得力に欠けてしまう場面もあるのではないでしょうか。「多くを伝えたい！」。その気持ちはわかるのですが、どうすれば伝わるのか考えたとき、つけ足すだけでなく、一番伝えたいのはどこか、また、すでにある文言が十分に伝わるのかという視点をもつとよいかもしれませんね。

5 対象を明確にするために主語と形容詞を足し引きする

対象が曖昧なときは主語を入れる

日本語は、主語を省くことが多い言語です。主語が入った文章が連続すると、幼稚な文章にも聞こえたり、冗長に聞こえたりしますよね。

ナレーション現場においては、さらに映像があるわけですから、主語はなくても伝わることが多いです。しかし、視点が変わったときなどはその主体がほんのわずかな時間ですが、わからなくなります。

そのほかにも、前の文章から主語が変わっている場合も、視聴者は戸惑うと思います。

要するに、**主語は文章を理解するために重要な単語です**。そのため、ナレーション原稿に主語を追加するという変更は、よくあります。誰が誰にといった関係性が曖昧な文章も、主語を入れることで対象がはっきりします。

また、主語を入れるタイミングも考慮します。

前の文章の流れからいって、文頭に主語をもってくるよりも、後に入れた方がスムーズに聞こえる場合もあります。「～が重要であると、彼は言った」といった具合です。

これらの点はナレーションに限らず、日常やビジネスの会話でも同様でしょう。登場人物が多く出てくる会話で、話がこんがらがっていると思うときは主語が抜けたり、主語と述語の間が遠くなっていたりしがちです。

そうなるとやはり伝わりづらくなるものです。ぜひ、主語という文章の重要な要素に意識を向けてみてください。

形容詞が二つある場合はひとつ削る

「知床に広がる豊穣の海」

北の海の様子を示した端的な一文です。

この文章のポイントは、形容詞が二つあること。つまり、「広がる」と「豊穣の」の二つです。

この文章自体に何も問題はありません。ただし、たっぷりと読む時間があれば、です。

では、時間がなければどうすればいいのでしょうか。いろいろと方法はありますが、**形容詞をひとつ割愛してみる**のもひとつの手です。

どちらを優先させるかは、伝えたいことが何か次第です。海の広大さを強調しておきたいとき、例えば以降にその広がった海を船が颯爽と走るシーンなどが出てくるのであれば、「知床に広がる海」となります。しかし、海はたいてい眼前に広がっているものので、強い理由がなければ、「豊穣の」を活かすことになるでしょう。

加えて、「広がる」を削ることで「豊穣の」をより強調することができ、インパクトのある一文となります。

「知床の豊穣の海」

いかがでしょうか。言葉数が減り、端的で語感もよくなったのではないでしょうか。ビジネスの文書でも商品やサービスを紹介する際、できるだけ多くのことを伝えたくて形容詞を連ねがちです。しかしながら、言葉数の多さが伝わることの多さとは必ずしも比例しません。商談の場などでも、何を伝えたいのか、そのために必要な言葉を絞り込む作業をしてみてはどうでしょうか。

ビジネスパーソンの方には釈迦に説法でしょうが、お客さんの立場に立って、その気持ちになって考えてみるということ。私の考えるナレーションの仕事と同じです。他者の立場に立って、過不足のない言葉を探してみるのもひとつの方法だと思います。

伝えたい単語の前に間を置く

　また、読む際のポイントも紹介しておきましょう。

「豊穣」であることを強調したければ、これまでにも述べてきたように、その単語の前に間をつくります。

「知床の／豊穣の海」

　この間によって、次の「豊穣」が耳に残ります。知床が何なのか、理解してもらうために効果的です。

　タッタッタッタッと、自分だけが気持ちよく波に乗って喋っても、聞いている方は情報が散漫になり、理解できません。前提となる話が理解できていない状況で次の文章が来ると、もはや何の話をしているのかわからなくなってしまいます。

言葉を絞り、間をつくることで聞き手の理解はぐっと高まると思います。

6 言葉や表現方法をメンバーと模索する

視聴者に誤解を与える表現ではないか

『情熱大陸』収録中の風景から、私個人やメンバーが言葉や表現をどう選んでいるのかを紹介します。先ほど紹介した日本郵便の切手・葉書室のチームを追った回です。

次の文章は、ある切手デザイナーの代表作について説明したシーンでの一文です。

「的確なフレーミングとオリジナルのフォントで、格調高い美を実現した」

この文章で2点、気になったことがあります。

ひとつは「オリジナルのフォント」です。そう聞くと、フォント自体を新たに生み出したようにも聞こえます。一瞬そうなのかなとも思いつつ、実際はどうなのかをディレクターに確認しました。

その結果、吟味して選んだフォントを美しく並べたその過程を「オリジナルのフォント」と表現したことがわかりました。視聴者に誤解を与える可能性を考え、変更した方が良いのではないかと提案しました。ディレクターにあらためて実際の状況を聞きながら話し合い、結果的に「フォントの選択にこだわって」という文言になりました。

そして、もうひとつが「美を実現した」という文言。「美」に対して「実現」という言葉が、なんともしっくりきません。

そこで私は、「表現」という代替案を提示してみました。ここでいう切手デザインの「美」は、フレーミングとフォントの相乗効果で生まれたもの。**人の手によるものではあるけれど、どこか自然にでき上がったニュアンスを示すのに、そして語感としても、「実現」よりも「表現」の方が良いのではないか**と思いました。

しかし、それでも私自身しっくりきません。どうすれば腑に落ちるような表現になるのかと唸っていたところに、プロデューサーから提案がありました。

「ここはデザイナーさんのやったことというよりも、何がどう評価されたのかを表現する場面だと思うので」

私を含め収録スタッフたちは、デザイナーさんを主語にして切手作品の魅力について伝えようとしていたのです。もちろん『情熱大陸』は人に焦点を当てる番組ですから、人を主体としてナレーション原稿が書かれています。

ただ、人を主語にすることでその魅力が伝わりやすくなるのと同じように、「美」を主語にすれば、それがどのように評価されていたのかがよりわかりやすくなります。

「美」を目的語ではなく主語に据える。そう考えて生まれたのが「格調高い美が生まれた」という文言です。前までの文と併せて読むことで、文章の流れがよりよくなって、切手作品の魅力もよりわかりやすくなったと思います。

常に視聴者目線でのわかりやすさを意識する

主語は文章で最も大切な要素のひとつである、ということがわかっていただけたかと思います。

ここでは「寡黙な仕事人がにわかに熱を帯びた現場に遭遇した」という文章を例にとって考えてみます。

私は一度読んでそのまま流してしまったのですが、文章の意図が汲み取れず、ストップして確認しました。一読すると、「寡黙な仕事人」が「遭遇した」と捉えてしまいそうな文章ですが、実際は取材班が「寡黙な仕事人がにわかに熱を帯びた現場」に遭遇した場面だったのです。

取材中に偶然出くわした熱気ある仕事場、というニュアンスの文言がこのままだと誤解されてしまうかもしれません。「私たちは」と主語を入れても良いのですが、次に「仕事人が」と来ます。

そこで、はじめに「取材中、」を付け加え、複数人の活気ある仕事場を表現するために「仕事人たち」とし、「取材中、寡黙な仕事人たちがにわかに熱を帯びた現場に遭遇した」としました。少し長くなってしまいましたが、状況がわかりやすくなったと思います。

疑問に思ったことや読んだときに腑に落ちないことは、後からでもやり直させてもらいますし、読み方や表現もアレンジします。引っかかりがあるまま見過ごすのは気持ち悪いですからね。

視聴者にとって初見のものや一度目の登場から間があいた情報は、その都度補足するようにしています。

「山梨を訪れたのは、年賀状のデザインのためだ」

切手デザイナーが山梨に来たことも、年賀状のために訪れたことも、これ以前には一切触れられていないものでした。まして、切手ともあまり関係ありません。

ここは出演者のデザインの功績を示すくだりです。私は年賀状が出演者のデザインの仕事を端的に示す重要な要素として、強調して読みました。

しかし、いち視聴者でもある私の目線においても、やはり急な感じがあるのは否めません。

続くナレーション原稿は「代表作は〜」から始まっています。ここでは切手の話をしているのですが、あまり「年賀状」の言い方を強めすぎると「年賀状デザインの代表作かな？」と捉えられかねません。ここは、切手デザイナーのこれまでを紹介するためのふりでした。

よって、この「山梨」と「年賀状」の部分はさらりと言うことにしました。ついでながら、「代表作は」の前にも切手デザイナーの名前を入れることにして、大きな誤解を生じさせないようにしました。

あらためて登場した人物の描写に留意する

もうひとつ、「〇〇が郵便局に持参したのは、自身がデザインした新作だ。この日が、発行日だった」という文言。

この方は、15分ほど前に紹介されたデザイナーさんです。15分が経過しており、その間に何名か他の人物も紹介しています。覚えている人もいれば、「どんな人だったたっけ？」と思う人もいるでしょう。映像を何度も観ていれば忘れることはないかもしれませんが、一回きりの視聴を想定して仕事するのが制作側です。

ここは「チームリーダーの」という補足情報を入れ、視聴者が理解しやすいように原稿を調整します。

さて、この方はデザイナーながら毎回、デザインした切手を購入して郵便局に持参するのだそうです。

この文章では、購入に言及していません。デザインの責任者だから、新作の切手を持っているのかもと思う視聴者がいても不思議ではありません。

それでも、毎回購入しています。誤解をされないよう、この文の後に「いつも自分で買うことにしている」という文言を追加することになりました。

この両方の実践例は結果として、よりわかりやすくなったのではないかなと思っています。細かいことと思われるかもしれませんが、視聴者にどう伝わるかを意識するとどうしても気になることが出てきますし、それで伝わるようになれば、私も良い流れで語れるようになります。

7 事実が並ぶ文章は立たせる言葉を選んで理解してもらう

強調することで文全体が伝わりやすくなる

口語は、文章の主題、伝えたいところを強調するとよりわかりやすくなります。初見であっても、主題がわかれば文章に流れをつくり、読むことができます。

長いなと思ったら、どこかで一度大きい間を取ります。例えば、次のような商品を説明する文があったとします。

「伝えることに対しての哲学と技術をひとつずつ丁寧に説明しながら、一般の人々が生活で、仕事で、あらゆる場所で伝えるための話し方とその考え方を伝授し、いかに仕事に取り組むか、その気づきを与える内容とする」

　こうした説明文は目で読む分にはいいのですが、声に出して読むとなるとくどくどと言っているように感じ、聞いている人は辟易してきます。そこは口語と文語の違いです。特に口語においては主語と述語の距離が遠く感じて、途中で「何の話だっけ？」と、わけがわからなくなりがちです。みなさんも、会議などで同僚が企画書を読み上げている際に、結局何が言いたいのかわからなかったという経験はないでしょうか。

長い文章は一度大きな間をとる

　その点を踏まえ、口語では、どこをどこにつなげればいいかということを考えると良いでしょう。

　文語の台本ひとつとっても、どうしたらわかりやすくなるのかを、文章の意味合い、表現、動詞、主語の所在、強調、長さ、リズム、語のつながりなどを総合して考えています。

　右記の文章であれば、「ひとつずつ」を少し強調し、「一般の人々が」でほんの少し区切り、「生活で、仕事で」の読点の間は短めにテンポ良く読み、「話し方とその考え方を伝授し、」の後に大きな間をとります。

そして最後に「いかに仕事に取り組むか、」の読点も短めにリズム良く、「その気づきを与える内容とする」につなげていきます。

間をとった後に強弱をつけて読むことで、文章に流れが生まれます。**強調するところ、捨ててしまうところ、それが明確になるにしたがって、どんどん文章が膨らんでくるのを感じる**ことができるのではないでしょうか。

捨てる言葉を選ぶ

読む際に立たせる言葉を選ぶという話をしましたが、併せて捨てる言葉も選んでみましょう。捨てると言っても、割愛するわけではありません。一定の読みの中で、弱く読むイメージです。

捨てるからこそ文章が立ちます。「これも大事」、「これも言いたい」と考え全部強調すると、伝えたい部分が逆に立たないし、それでも無理をして読もうとすると苦しくなります。

シンプルに考えられればいいのですが、大切な部分を伝えたいからと全てを強調しようとするから、かえってわかりづらくなって、ギクシャクします。それは、「流れない文章」です。

だから、捨ててあげるのです。終始平坦に読むと、いざ強調しようとするときにうまくいきません。一番言いたい部分を大きな山にして、そのほかの部分は小さな山にしたり、サラッと言ったり……。それが「捨てる」ということです。

プロフィールや沿革などの文章は、事実の羅列、関係者の説明ですが、それぞれをしっかりと立たせるために必要なことです。

そのような文章でも、何を伝えるかということに主眼を置いて、どうすれば聞きやすくなるのかを考えてみると良いでしょう。そこであがいていって、終着点を見つけていくのです。

声で伝えることと文字で伝えることでは、声の方が表現の仕方が多彩なので、情報量も豊かになります。

その半面、文字はそこから自分なりに想像できますが、声で聞くと、読み手がどういうふうに思っているかによって、聞く側の想像は全然違ったものになります。

どういう思いで読んでいるかによって印象は違ってくるので、読み手の意識が大事。つまり読み手の個性が出ますね。

一方で、「聞く」となると聞いている側は読み直しがききません。「ここが少しわからなかったな。ちょっと戻って読んでみよう。ああそういうことか」という手順を踏むことはできません。

そのためにも、聞く側の理解が途中で途切れないように、理解すべき単語を立たせ、仮に聞こえなくても文意はとれるような単語は捨てる。その使い分けを意識してみると、ぐっと伝わりやすくなると思います。

8 作品ごとに距離感を合わせる

その場に実際にいるような感覚

十分に伝えるためには、素材を理解することが必要だと話をしてきました。では、どのようにして素材を理解するのでしょうか。私が心がけていることを紹介します。これが、物事を理解するための視点を増やす参考になればと思います。

ナレーションにおいては、映像の内容によっていくつか方法がありますが、まずひとつに、その場にいるような、出演者と同じような感覚で状況を捉えるようにすることがあります。映像の中で起こっているできごとを俯瞰で見るのではなく、出演者と同じ立場、目線に立って寄り添うイメージです。

例えばロケ先の温度、風、躍動感、もしくは閉塞感、暗さ……。そういったもののリ**アリティを視聴者に伝えるために、その場に実際にいるような感覚で伝えたい**と思うのです。

そこでまず、同じ目線に立つべく、登場する人たちがどういう状況なのかを理解することから始めます。険しい山を登っていくなら、どの程度歩きづらいのか、どんな障害物があるのか、そうしたことを映像やディレクターへの質問で理解しつつ、そのうえでこの山をいくつも越えていかなければならないというつらさを表現します。

どのような「雨」なのか観察する

雨が降っていたとなれば、日本語には雨を表す言葉がいくつかありますから、その雨の状態に即した適切な言葉はどれかを考えたりします。

小雨であれば、それほど気にせずに歩いているかもしれない。豪雨であれば、かなり不快な思いで歩を進めているかもしれないし、もしかしたら、それすら気にせずに淡々と歩き続けるような人物が今回の主役かもしれません。
にわか雨。霧雨。氷雨。豪雨。時雨――。
どのような雨なのか、いくつか頭の中で思い浮かべ、取捨選択します。
そのうえで、心象と雨の表現を合わせます。

「その日は朝から雨が降っていた」

少々強い雨で、こんな日に外に出るのは嫌だな……そうした思いを表現するよう、トーンを抑えて読みます。

このあたりの登場人物の心情を完全に把握するのは不可能です。しかし、人物の表情、映る雨の様子、いろいろな情報を積み上げて、読み手の想像のもっていき方で表現できると思います。そこで言葉の強弱や高低をコントロールするのです。

第三者であるナレーターがとるべき距離感

一方で、俯瞰で捉えることがないわけではありません。ナレーションの全部が全部、登場人物の気持ちに入り込んでいくわけでもないのです。入り込みすぎると全体の状況が十分に見えず、視聴者に伝えるといういちばん大事なところがおろそかになる懸念もあります。

例えば『情熱大陸』などは、「俯瞰」と「寄り添い」、その間を行ったり来たりします。状況が最も伝わる距離感を探すわけですね。

要するに、番組ごとに登場人物との距離感が異なります。

この距離感については基準のようなものがあるわけではなく、作品一つひとつでそのニュアンスはまったく違います。俯瞰するか、寄り添うか、その中間か、といったパターンがあるわけではなく、どういう内容で、どういう音楽があって、どういう雰囲気なのか。同じ番組でも、扱うものの内容で距離感の近さ、遠さを調整しています。

この距離感の調整のもとになる考え方は、やはり受け手である視聴者です。視聴者がどのように観るか、理解できるだろうかと考えます。

映像や音楽を確認して、ディレクターが伝えたいことをこう表現して伝えたい。

収録を開始したときはしっとりした音楽がかかっていて、それに合わせた読み方をしていたけれど、途中で、メロディのはっきりしたテンポのある曲に変更することになりました。でもそれだとすでに収録した読みは合わないから、読み直させてほしいと頼んだこともありました。そのままでは、**視聴者がどこか居心地の悪い感じを覚えるだろうと思った**からです。

俯瞰した状態から徐々に寄り添っていく

どのような番組も、原則として視聴者の見方に合わせて読みます。ときどきディレクターから特定の指示が出ることもありますが、それがない限りは距離感を詰めたり、画に合わせたりして、違和感なく伝えようと心がけています。

例えば歴史をテーマにした番組のとき、クールにという指示がありました。少し距離を取ってというニュアンスです。歴史上の禿頭の人物の功績を検証するというコーナーがあり、当然「ハゲ」という言葉を使うことがありました。

この言葉は、強調したいと思って感情を込めて言ってしまうと、馬鹿にしているようにも聞こえかねません。観る側からすれば、それは物語の雰囲気に合わず、違和感になります。そこでクールに、抑揚を抑えて「このハゲ頭の人物は」と語ります。サラッと読めば、耳に抵抗なく入ってきます。

9 臨場感をつくり出すための距離感の使い分け

出演者と視聴者の気持ちに齟齬が出ることがある

寄り添う際は自分がその一員になったつもりで読みます。例えば釣り番組で大物が釣れたら、大きい！　と喜ぶ気持ちを込めます。

彼らの気持ちになって、来た！　釣れた！　という感覚です。今日いちばん大きい魚が釣れた！　といううれしさを、現場にいるつもりで声に込めるのです。

ときには視聴者の目線で「これで大型？」と感じてしまうサイズの魚を、大型だと喜ぶこともあります。魚は種類によってどこまで大きくなるか異なりますから、その魚について精通している人にとっては確かに大きいということがわかります。しかし、そのことを知らない人からすると、大きくないじゃないかと思ってしまうこともあるわけです。こうした出演者と視聴者の気持ちの齟齬はよくあります。

両者の齟齬をなくすためにまず自身の違和感をなくす

私自身も同様です。魚にそこまで詳しくない私が腑に落ちていないときには、気持ちが入りにくくなって、堂々とナレーションできません。

そのままでは視聴者は違和感をもつだろう。でも、出演者の喜びはぜひ伝えたい。そこで、その喜びが視聴者にわかるように、言葉を補ったり、よりわかりやすい表現に変えることを提案します。例えば、「この魚としては最大級の大きさ！」という具合に。

出演者の声を大事にする

違和感をなくすためにナレーションの言葉を補う作業に対して、**臨場感を出すために**

言葉を削る作業もあります。

私は映像の中の音をとても大事にしています。出演者、登場人物の声、感情、事実。そのどれを活かすか、活かさずにおくか。臨場感をもたせるためには、現場の声はとても重要です。

例えば、釣り番組であたりがあったときのシーン。

「30メートルまで来たところで、ヒット！」

30メートルまで釣り針を落とし、その時点であたりがあったシーンですが、ナレーションが全て説明してしまっては、現場の声を潰して、臨場感を損なってしまいます。

登場人物のセリフに「30メートルまで来た！」とあれば、その言葉を活かして、「ヒット！」で十分です。あたった瞬間が視聴者にもわかるように「よし！」などと言っていれば、その言葉を活かして、その直前に「30メートル」とだけナレーションで入れてあげる。

そうした判断を行うのですが、それでもやはり観ている側からすれば、「ヒット！」と言った方が、臨場感があってグッとくると思います。

喜びの声を落とさず活かす。でも反対に、わかりづらくなるような言葉は活かさずナレーションで説明する。結果、伝わるように仕上げていくのがナレーターの役割でもあります。

「ヒット！」と言うことで、視聴者も「おっ！　来たか」となって、気持ちが高ぶります。観ている人の気持ちを映像に沿って誘導していくのです。

もちろん、単独で決めるのではなく、ディレクターやミキサーさんと相談して、潰すか活かすかを決めます。自分たちだけの世界で終わらせるのではなく、どうすれば臨場感をもって伝わるのか、みんなで考えています。

「出演者を立たせる」ナレーションとは

収録過程は、前にも言いましたが、まず原稿の下読みを行い、内容を理解したうえで映像を見ながら声をあてるテストを行います。

映像を見ながら読むと、読むタイミングで伝わり方が変わります。

例えば、「どうやら、何かひらめきがあったようだ」という文章。

図柄を思案していた切手デザイナーがふと思い立ったように動きだした様子に対してのナレーションで、読み始めるタイミングがとても大切になります。視聴者がその動きの変化を感じるタイミングで読み始めたいところです。

『情熱大陸』においては、登場人物の会話や発話が物語の流れの中でとても重要です。それらが始まる前にしっかり間を置いて、視聴者に印象づけたいという状況が多々あります。

その間をつくるために巻きで読んでつめられればそうしますが、その読みのスピードが視聴者に違和感を与えては本末転倒です。文章の長さから巻いて読んでも収まらないと判断すれば、原稿の一部を削れないか相談します。

例として、出演者が話しているシーンにはさまれた次のナレーションを紹介します。

「そのまま正社員となり、社内公募で切手・葉書室へ異動。10年たった今も、村の人を心に浮かべ机に向かう」

一度映像に合わせて読み上げてみると、私なりに伝わりやすいかなと思うスピードやリズム感では、直後の出演者が話していることとの間がなくなってしまい、余裕がない印象になってしまいました。スピードを意識して気持ち速めに読み上げてみると、こちらもやはり余裕がないように聞こえます。

そこで、「10年たった今も、」の部分を割愛して読み上げることを提案してみました。**映像に合わせてみると、ゆったりとしたリズム感で喋ることができ、出演者の次の話を活かす**ことができました。

それだけではなく、文章を削ったことでほんのわずかの間、ナレーションの入りを遅らせることができ、ナレーションの前で話している部分も活かすことができたのです。

登場人物の人となりがしっかりと届くように、スタッフと細かい修正を行いながら収録を行っています。

創作物では距離感を詰めて表現する

距離感は、ドキュメンタリーとドラマのナレーションでは大きく異なります。創作物であるドラマは、表現がより大きくなったりします。大仰に読んだり、おどろおどろしく読んだり――。ドキュメンタリーでは、あまりやらない読み方です。

ナレーション原稿に書かれている文言は同じ「そのときだった」。でも、ドキュメンタリーでは、例えば静かに、そっとその瞬間を告げるように言ったりしますが、ドラマでは一点に注目を集めるように大仰に、また強くきっぱりと読むことがあります。状況によって言葉のニュアンスは変わります。

ドラマでは距離感を詰めて物語の世界に入り込み、ドキュメンタリーではちょっと引いたりと、感情を出した読み方や表現に強弱をつけて、それぞれの世界観を損なわないようナレーションをつけていきます。

同じ言葉でも状況や前後関係によって言い方が変わるものとしては、接続詞もあります。**「しかし」や「そして」「ときには」などの接続詞は、その後ろに来る言葉の雰囲気を決める**ものでもあります。

雰囲気を変えるのであれば力強く、そのままであればさらりと。同じ言葉でも前と後ろの状況の関係によって、表現の仕方を変えています。

10 変わりゆく言葉とその言葉への違和感

「私的には」は「私としては」でよいのではないか

日々みなさんに伝わるように言葉を選び、読むという仕事柄、普段の日常会話でも、つい言い回しが気になることがあります。ここではナレーションの現場を離れ、日常の会話で思うことをお話ししましょう。

日常会話で気になる言葉として真っ先に挙がるのは、「基本、何々」です。

これを私自身がナレーションで言うのは、少し嫌ですね。喋り言葉ではないのではないでしょうか。「本来、もともと」で十分通じるのではないかと思っています。また、

「私的には」という言い方もよく耳にしますが、「的に」というニュアンスが私には伝わらない……。曖昧さを感じてしまいます。さすがにナレーション原稿には登場しませんが、「私としては」でよいのではないでしょうか。

ほかにも省略などで気になることも多いですね。「朝一番」を「朝イチ」と略すなど、もはや一般名詞化してきました。

また、最近では「だけ」ではなく、文語的な「のみ」が多くなったなという印象もあります。例えば「問題はそれだけではなかった」が、「問題はそれのみではなかった」となります。書面として目で追う分にはよいのですが、この「のみ」を読むことにとても違和感を覚えます。

近年のナレーション原稿においても、「のみ」の方が圧倒的に多くなっている印象です。「だけ」という言葉がもつニュアンスが強すぎるからなのでしょうか。「だけ」では、否定しすぎる、限定しすぎるということなのか……。あるいは、書面的で丁寧という印象があるのかもしれません。でも、「〜だけではなかった」であれば喋り言葉としてスムーズに言えますが、「〜のみではなかった」だと、妙な引っかかりがあります。

まあ、これも時代の変化なのでしょうか。

さらに圧倒的に使われるのが、「その訳とは」「その思いとは」と、「と」を入れる言い方です。

強い印象になり、リズムもよくなります。半面、私は突き放しているようにも感じるので、「その訳は」「その思いは」と優しく問いかける表現も必要ではないかと思っています。

ほかにも「何歳下」を「何個下」という表現。若者言葉というより、40代、50代の人でも使っているところを、よく耳にします。

また、「～なんだそう」と、伝聞であることに終始して尻すぼみの締まりがない言葉になっていることも多いなと感じています。「～なんだそうです」と、「です」と言い切ってしまうことを避けているのでしょう。

気になる言葉は立ち止まってみよう

ただ、そうした状況に違和感をもつだけで、一概に悪いとは思っていません。**言葉は**

文化で、時代とともに変わっていくものでもあるから、許容されていくのでしょう。

実際、私自身がそうした、「ん？」と感じる機会が多くなっていたり、それを直そうと提案しても、そのままであったりすることも多くなりました。放送業界全体が、ひいては世間がそうした文化になっているということであり、それはこの時代に至るまでに起こってきた変化の一部なのでしょう。

ただ、みなさんの仕事の場では、そうした言葉を使う際には少しだけ立ち止まってほしいなと思います。顧客に対しては、「明日あさ一にお伺いします」より、「明日、朝一番にお伺いします」の方が聞き心地が良くありませんか？　なぜ、こうした言葉で表現するのか。普段の会話ではこの言葉を使うが、プレゼンテーションを行う際はこちらの言葉がよいのではないか。何も正しい言葉とはどれだとつきつめるということではなく、**ちょっと気になる言葉を「これでいいのかな」と思うくらいでいい**と思います。

その意識をもつだけでも、相手に違和感を与えることなく伝えることができるようになるのではないでしょうか。

第 3 章

相手に正しく伝わるための話し方

1 映像と音を活かした最適解を見つける

映像に合わせたときの違和感

頭の中で考えているときは問題なかったが、いざ実際の書面に落とし込んでみるとどうもしっくりこない、という経験がある方も多いでしょう。

ナレーションにおいても、下読みは問題なかったが、映像と合わせてみると自分の表現の仕方がどこか気持ち悪いといったことがあります。

例えば、番組の冒頭。流氷の映像が流れ、5秒半後に荘厳な雰囲気の音楽と女性のコーラスが入るとします。

音楽の女性コーラスとナレーションの読みが重なることは避けたいところです。かつ、始まりを告げる音楽が始まるまでに間をつくりたい。そこから逆算すると、冒頭の読みを5秒後に終えたいと考えます。つまり、0・5秒の間をつくりたい。

ドキュメンタリーの多くは、まず現場の説明から入ります。今回の舞台は真冬の流氷が漂う知床の海であり、ナレーションをつけるとすれば、次のようになるでしょう。

「舞台は流氷が漂う冬の知床」

映像も何もなければ、そのまま読んで問題ない文章です。しかし、映像と音楽と合わせて読むと、どこか気持ち悪い。予定された5秒半に入れようとして、多少言葉をつめて読んだことも影響しているでしょう。

無数に漂う流氷の映像がすばらしく、その映像が語っているので、流氷の言葉は必要がないように感じます。ディレクターから指示が出ます。

「『流氷が漂う』を切りましょう」

映像を活かし言葉を削る

「舞台は、冬の知床」

地名を述べただけの平凡な言葉です。

しかし、**「流氷が漂う」を外すことで間をつくることができ、映像の流氷がより活きてきます。**また、たっぷりと言葉を膨らませて読むことができます。

そこに壮大な流氷の景色が合わさることで、「冬」、「知床」、「流氷」が視聴者に印象深く伝わったのではないかと思います。

これが映像と音楽を活かしたナレーションです。

そのまま読んでいれば情報過多で、いわゆる〝う

るさい〟ナレーションになっていたことでしょう。

間をつくることで、画が活きます。
そして、画があることで言葉も活きます。

5秒半——この尺に「舞台は流氷が漂う冬の知床」は入ります。言葉としては入っているのだけど、この絵に対して何かしっくりしないし、もったいないように感じます。であれば、4秒弱で「舞台は冬の知床」と読む方が、画と言葉、両方で心地良く伝えられるのです。

こうした秒単位、半秒単位の調整は、幾度となく行います。

2 始まるタイミング以上に終わるタイミングに気を配る

次の音までの間をつくる

ナレーション以外に、さまざまな音が入ります。

番組の幕開けを告げる音楽の前にナレーションを入れることがあります。その音楽に入る前への余韻をつくりたい。特に楽器の音のみならず、歌う声が入る場合は、声がかぶらないように気をつけたいものです。

極端に言えば、音楽が始まる前にナレーションを終わらせればいいわけですが、ナレーションを終えて、音楽が始まるまでの間も重要です。

読み始めるタイミングはもちろんですが、私は読み終わるタイミングを大切にします。

ここまでに終わらせるという目安はありますが、それ〝まで〟に終わらせようとすると心地良い余韻とはなりません。終わらせるタイミングを秒数単位で自分で決めて、それを書き込み、終わらせるようにします。

始まるタイミング以上に終わるタイミングはものすごく大事だと思います。

企業が商品の周知など特定の目的で制作した動画（VP：ビデオ・パッケージ）のときは、機能の説明などが多いため、終わりのタイミングに余裕をもたせないと、聞いている人の理解が間に合いません。

こうした商品の紹介は、ビジネスパーソンの方々に多く機会があると思います。

例えば、次のように商品を紹介する文章。

○○だったのです。さて、その次は□□。この□□は……

と、短い時間に読みすぎると、伝わりません。

○○だったのです。

と言った後に十分な間を空けて、

さて、その次は□□。
この□□は……

YouTubeなどの動画投稿サイトでは、間を極端につめていく傾向にありますが、聞いていて息苦しく感じてしまいます。人間の話のリズムから逸脱しているからでしょう。もっとも、慣れてくると意識せずに受け止めていますが。

私がナレーションを入れる作品は、この収録スタジオで録って終わりではありません。本来の目的は、この動画を観てもらうということです。特に企業の新製品紹介などは、その製品の特長をしっかり理解してもらわないと、作品の価値は下がってしまいます。

さて、／その次は……くらいの間があった方がいいのですが、時間の問題で間をつめようとしてしまう。

間をつめること自体はよいのですが、「何とかですねさてその次は……」くらいのイメージで言ってしまいがちです。

間がないと、観ている人は理解できません。理解できないと、その先の説明には興味がなくなり、聞き流してしまいます。
つまり、新商品の良いところを伝える作品の意味がなくなってしまいます。

限られた時間の中で多くを伝えるには、テンポも、リズムも速くなってしまいます。そういうときは、前の文章を少し前から読み出し、ちょっと速めに読んで早く終わらせ、なるべくその後に間をつくるということを意識します。

説明文を理解してもらうには、「なるほど、うん」と、「うん」とうなずける間をつくることがとても大切なのです。

秒単位で間をつくるのは難しいことだと思います。お客さんの眼もあって、どうしても早口になってしまう人も多いのではないでしょうか。

そこはグッと我慢して間をとるようにすると、あなたの商品のよさももっと伝わりやすくなると思います。

3 速く読んでも早口と思われないテクニック

母音をけずって、間をつめる

プロのナレーターとして、いろいろな状況に対応するための読み方の技術があります。みなさんにすぐに真似してもらえるものではないかもしれませんが、意識してもらうと、普段の話し方が変わるかもしれません。いくつか紹介していきましょう。

ひとつ目は、速く話しても早口と感じない方法。

そのためのひとつに、「母音を短く」という方法があるのですが、これはしばらくの間、自覚すらしていなかったものです。人に指摘されて気がつきました。ある人に「窪田さんは速く読んでいるのに、そう聞こえない。なぜ？」と聞かれ、二人で同じ文章を同時に読んでみました。すると私の場合、一音一音が短く、文章の区切りでほんのわずかポーズ（休止）をつくっていました。あれこれ考えた結果、母音を少しずつ短く読んでいるのではないかという結論に達したのです。

日常の会話で早口でペラペラ喋っても、気持ちいいのは自分だけで、相手は内容がよくわからないことがままあります。ナレーションにおいても同様で、早口だなあと視聴者が感じるのは避けたいところです。

でも、実際問題、時間がないこともあります。

そういった際には、複合的に方法を組み合わせます。

強調する単語でリズムをつくる

速く読んではいるのですが、速く読んだように聞こえない。この点がカギです。

速く喋ろうとすると、言葉にアクセントがなくなって、平坦な文になってしまいます。すると、聞いているほうは「速く読んでいる」と感じます。なので、時間がないときは一音一音を短く言いながら、その分、ほんのわずか区切りをつけて読み、強調すべきところは強調し、後はサラッと読むと聞きやすくなります。

ちょっと難しくなりますが、例えば「この海に潜む**大型**のメバルを狙う」を巻き巻きで読まなければならないとき、「この海に潜む」の「む」の母音が伸びないよう短く区切りをつける意識で、さらに「おおがた」の「お」の音を短めに発音しながら、「大型の」を高めに強く言い、後は流して読めば、速く読みながらも聞く側の印象に残る話し方になります。

強調ばかりしても聞く側は鬱陶しくなりますし、巻きで強調すると何を言っているのかわからなくなって、ただうるさいだけになります。そのため強調する言葉を決めて、読みの速さで強調するものに焦点を合わせていきます。

立てる言葉を選んで、ほかの言葉をつめるということです。
メリハリを意識すると、サラッと流して良い部分がわかり、読みやすくなるでしょう。その結果、伝わる話し方となり、早口の印象も減らせるように思います。

読んでいて気持ち良いところが着地点

こうした文章の読み方は、思考の流れを追えば右記のとおりなのですが、ナレーションの現場ではそこまで意識的にやっているわけではありません。ルールを厳密に適用するというより、**強いて言えば「気持ち良さ」が基準になる**と思います。

読んでいて気持ちが悪いより、気持ちが良い方がやはり読みやすいわけで、**どうしたら気持ち良くなるだろうということを考えて言葉を選び、読み方を調整しています。**

みなさんも、スピーチ原稿が必要になった場合、難しい文章をがんばって読めるようになろうとせず、気持ち良く読める文章をつくることを意識すると良いのではないでしょうか。

技術を真似しようとすると難しいですし、そもそも話し方を急には変えられません。早口で喋ってしまう。早く言い終えようとして早口になってしまう。私自身もそんな性質のうちのひとりです。そんな方は、「強調する単語を意識する」ところから始めてみてはいかがでしょうか。

4 「ん」と「か」に余韻を残すと印象的な文になる

つい流しがちな「ん」の音を大事にする

先ほどに引き続き、発音についての私の考えをお話ししていきましょう。

私は「ん」の音を大事にすることを意識しています。

例えば「人間の気分」の「ん」の部分。

多くの人が普段の会話で自然に流れていきがちな「ん」ですが、私は大事に発音しようと心がけています。**気分を表しやすい語であり、余韻を出せます。**

「か」に膨らみをもたせる

ほかにも余韻を残すために書き言葉で使われる「だろうか……」の「……」の部分のニュアンスも大事にしています。文章を書くときは頻発する人も、読むとなるとあまり意識していないのではないでしょうか。

「〜〜なんだろうか……」であれば、「だろう」の「う」をわずかに伸ばし、「か」の母音に膨らみをもたせて、余韻を残します。

例えば、DAROU K**A**

「か」を「KA」に分解して、「A」を意識するイメージです。

言葉にすると難しく感覚的なものですが、ここの「か」はあくまで問うているものではなく、不安や懸念であったりします。

発声と捉えると難しく感じますが、みなさんはそうした不安、懸念など気持ちの面を踏まえて、寄り添うような気持ちで発してみると良いかもしれません。

一方で、語尾の「か」が問いのニュアンスを強くもつ場合もあります。相手の理解を問うとき、「わかりますか」と聞くことがありますが、その「か」です。この語尾「か」に力を入れてしまうと、どこか近寄りがたいイメージになってしまいます。私はこの語尾をふんわりと優しく包んで発音することで、寄り添おうとする態度を示しています。

語尾の単語でほかに多く使われるのが、「なかった」の「た」。

この「た」は、文章を収めるとき、締めるときは、ゆったりめにフワッとたっぷり発すると、印象的な文章になります。一方で力強さを出すときは、「なかったっ」と小さな「っ」を入れるイメージです。

このあたりのニュアンスの出し方は、私ならではのものかなと思います。

主となるのは自分のリズムではなく文章

文章の意味を理解して、文意を立たせることが「伝わる」ために重要になります。

例えば、「この町の人口はおよそ400人です」という文。

みなさん、声に出して読んでみてください。

いかがでしょうか。一息で読み切った方、あるいは「この町の人口はおよそ」で一度切った方もいるでしょう。

リズムとしてはそれで良いのですが、その読みでは文章の主題が立ちづらくなります。この文章においては「およそ」を立てる必要はないので、「この町の人口は」で一度区切るといいでしょう。

多くの人がなぜそう読むかというと、文章を伝えようとする前に、自分が慣れた心地良いリズムで喋ってしまうためです。

伝えようとするなら「この町の人口は、およそ400人です」と、「人口は」で区切った後、「およそ」はサラッと、「400」に強さをもたせます。

読点の使い方、間の取り方――それらに自分のリズムを反映させると伝わりづらくなりがちです。

そうではなくて、あくまで文章が主で、その意味を立たせるように読む。ここまで気持ちよく読める文が伝わりやすい文であるともお話ししてきましたが、**あくまで違和感がないことが前提**となります。「およそ400人」であることを伝えようとして、「およそ」に力点があり、「400人」が流れてしまうと、それは聞く方としては違和感を覚えるでしょう。

自分のリズムで話すと伝わらない

体に染みついた文章を読むリズムがそれぞれの人にあります。自分のもつ「タッタッタッタッタッタッ」というリズムです。

例えば「話し始めるときに使うべき間。終わるときに使うべき間。ときに間は言葉より多くのことを伝える」という文章。

いざ読もうとすると、それぞれの句点までスラスラ読んでしまいがちです。

何を強調したいのか。どこを強調すれば文意が立つのか。そのことを意識して、読点を打ちたいところです。

だから、話すなら「話し始めるときに使うべき、間。終わるときに使うべき、間。ときに間は、言葉より多くのことを伝える」というように、それぞれの強調すべき単語の前に読点にもならない、ほんのわずかな間を置くことで、焦点をあてています。

そうすれば、聞く人はすんなりと受け入れられます。この間は、**強調すべき単語を丸で囲むなどしておけば意識しやすい**でしょう。気軽にできて効果大ですので、人前で文章を読むときなどにぜひ試してみてください。

ほかに気をつけたいのは、助詞を伸ばすこと。例えば、「それは」の「は」を間延びさせてしまうような話し方です。

上品な話し方が求められる状況においては、助詞はあまり長く伸ばさない方が良いでしょう。雰囲気を引きしめて厳かにするには、助詞を伸ばさないことが大切です。センセーショナルな事柄を伝える際には、むしろ意図して助詞を伸ばすことがあるので一概に悪いとは言えませんが、少々安直な強調の仕方のようにも感じます。その方がリズムを取りやすいのでしょう。

そうしたクセを直す方法は、とてもシンプルです。

文章の主語がどれで、何を言いたいのかを理解して、それに合うように意識するということです。文章の意味合いを第一に伝えようとすることで、間延びせず上品に話せるようになると思います。

口に馴染んだ上品な言葉が気品を与える

余談となりますが、上品さを感じた方の話し方を紹介しましょう。

実際に耳にしたのはずいぶん前の話になりますが、オノ・ヨーコさんの言葉の使い方が綺麗だと思いました。

なかでも、「わたくし」の言葉の響き。実に口に馴染んでいて、極めて自然な上品さが見えました。常に「わたくし」という言葉を使っていて、取ってつけたような違和感もまるでありません。

普段使い慣れていない言葉を使おうとすると、焦ってしまいます。口の中でそれっぽくごまかしてしまうわけです。そうすると、聞いている人はどこか違和感を覚えますよね。例えば新卒で入社したばかりのビジネスパーソンなどの敬語は、初々しさを感じてほほえましいですが、どこかぎこちなさを感じてしまいます。

彼女のパーソナリティを詳しく知っているわけではなかったのですが、「わたくし」という綺麗な言葉遣いで、きっと育ちのいい人なのだろうと思わされました。本当に美しくて、印象的な語り口でした。

5 仕事としての「読み」とフリーな「喋り」

フランクな相手でも適度な緊張感をもつ

ナレーションの仕事をしているとき、私は自覚的に語尾を優しく、ゆったりと発音するようにしています。その方が柔らかくなって、わかりやすくなるだろうと思っているからです。

しかし、私自身プライベートをはじめ、フランクな雰囲気になってしまうと、途端に「〜です」ではなく、「〜っす」のように、語尾を急いで曖昧なまま詰めてしまうことも少なくありません。

「読む」と「喋る」は別物なのだと感じます。私にとって「読む」はあくまで仕事で、仕事である以上、自分なりの演出をして、自分なりの正解を追いかけています。

しかし、「喋る」はまるきり、素の自分なのです。頭に浮かんだことをスッと「喋る」というのは、普段文章を「読む」ことをしている者からすると、とても戸惑うことであり、何か裸にされたようで、非常に恥ずかしいものです。

この二つの違いの根底にあるのは、「目的意識」と「適度な緊張感」だと思います。目的意識、ナレーターとしては伝えることを第一の目的として、それに資するナレーションをするというときは、ゆったりとしたナレーションを心がけます。しかし、そんな目的意識がなく、自分のことをつらつらと喋るようになると、私の場合は語尾が詰まって、耳に馴染まないものになってしまうのです。

場の雰囲気が非常に堅く、緊張してしまうときや、私の場合、雰囲気が完全に開いたものになっているときは、自分の言葉を次々に継がなければならないと思って、その結果、余裕のない文章になってしまうことが多いように思います。私自身も沈黙が怖くて、その間が怖いから、つらつら喋ってしまいます。

だからこそ、喋りにも適度な緊張感が必要だと思います。過度に緊張せず、だらけきらない。その中庸として、適度な緊張感をもつことができるのではないかと思います。

6 少し意識するだけで変わる話し方

声がうわずってしまう場合はアゴを引く

ここまでいろいろな伝え方についてお話ししてきましたが、話すことに苦手意識があり、そのためになかなか人に伝わらないと思っている人もいるでしょう。

ここからは、ナレーターとしてお伝えできる範囲でその解決法を考えてみたいと思います。

なかでも、自分の声が小さいと思っている人。こればかりは「声を大きく、はっきり言う」という意識をもつに尽きると思います。

そのときは、ただ声を出す意識だけではなくて、口を大きく動かしてみると良いのではないでしょうか。実際のところ、口は自分が思っているほど大きく開きません。**声はそうした口の開き具合に自然と左右されます。まずはきっかけとして、口を気持ち大きめに動かしてみましょう。**

また、声が通らない理由のひとつとして、声が低いということが考えられます。声がこもっていても、通りにくいかもしれません。この場合も、口を大きくはっきり動かすと、声が出やすくなると思います。私も普段の何気ない会話であまり口を動かさないで喋ってしまい、相手が聞き取りにくそうな状況を自覚したときは、口を大きく動かすことを意識しています。

声がうわずってしまう場合は、アゴを引くことを意識してみてください。緊張すると、上目遣いになりがちで、その結果アゴが上がり、声が高くなってしまいます。少しアゴを引けば、声の調子が落ち着くかもしれません。声の高低を意識しながら話すのは難しいものです。一方で体を部分的に動かすのは、声の調整に比べれば取り組みやすいのではないでしょうか。

また、早口に関しては、私自身もそうです。そのため、普段からなるべく語尾をゆっくり、はっきり言おうということを心がけています。ただし、そうしたことを意識していても、どうしても早口になってしまうときもあります。そのときは、せめて語尾だけでもゆっくり言おうと意識しています。

いずれも普段から意識して習慣づけてやってみると良いでしょう。人は急に順応できませんから、普段から心がけることで、やがてそれが自然に身につくと思います。

伝える相手ごとの気持ちの変化に留意する

家族や周りの友人に対してはくだけた言葉遣いで接していても、ビジネスの場となるとそうはいきません。上司への報告となると、襟を正すように言葉を選ぶことが必要になるでしょう。

仕事の結果報告の場合などには、はっきりと伝える意識が必要ですね。語尾もしっかり言いましょう。イメージとしては目線を上げて話す感じです。アゴを少し上げると声が伸びやかになって、声に元気がでます。

また、上司が部下と話すときは、優しさも必要だと思います。「わかるか！」「お前、これやっておけよ」と一本筋の張りつめた言い方だと、語尾が下がり命令口調になるので「わかるか↖」「お前、これやっておけよ↖」と語尾を少し上げて言うと表現が柔らかくなり、部下側からすれば優しさを感じられるのではないでしょうか。

外部の人と比べると、部下に対してはつい丁寧さが欠けやすくなりがちです。だからこそ声に優しさがあると、部下の指示の受け取り方も変わり、コミュニケーションが円滑になると思います。

言葉と動作は結びついている

私は、言葉というものは身体が絡む表現だと思っています。

困ったときに出る声音、親しみを感じたときに出る声音。体に合った表現、あるいは言葉に合った身体の使い方・姿勢も関係しています。実際、ナレーションをしていても、優しい言葉のときは少し前のめりになったり、強い表現なら背筋を伸ばして反り返ったりと、仕事をするときは声と同時に姿勢も変わります。

動作と声の関係を示す例としてわかりやすいのは、頭を下げて、謝りながら電話をしているときです。

「申し訳ございませんでした」、「すみませんでした」と言いながら身体が勝手に動く（頭を下げる）のは、自分が本当に申し訳ないと思っているからこそです。自分の素直な言葉が身体を動かして、素直な身体の動きが自分の言葉を出しているのです。

相手が目の前にいようがいまいが、それが本心であって、動作と言葉はリンクしているのでしょう。

言葉を話すとき、動作を気にすることは少ないでしょう。なぜなら、自然と体が動くからです。**特に大事なことを伝えようというとき、言葉に臨場感をもたせるためには、より大きな動作だけでなく、顔や眼の表情も重要な要素になる**と思います。

7 読み言葉と書き言葉はどのように違うのか

書いた文章は読んで違和感がないかを確認する

ここでは「読み言葉」と「書き言葉」の違いについて考えてみましょう。

普段、気にすることはあまりないかもしれませんが、「読む」と「書く」で良い文章というのはそれぞれ異なります。

目で読んで素敵な文章も、音にしてみると語呂が悪い場合はあります。読んで表現する際には、形容詞を強調しすぎないようにしたり、間を置いてみたりと、工夫することは多々あります。

ビジネスパーソンの方は、書き言葉で文章を書く機会の方が圧倒的に多いでしょう。仮にプレゼンテーションで読むことが前提の文であっても、書き言葉で完成度を高めていこうと推敲を繰り返している人もいるように思います。

では、読み言葉を書く際はどうすれば良いのでしょうか。私も常日頃から意識していることですが、例えば、**スピーチ原稿を書く際は「誰に伝えるのか」を意識すると良い**でしょう。そして、相手の年代や職業、関心などを踏まえて考えると、さらに気づくこともあるのではないでしょうか。

私もスピーチを行う際は事前に原稿を書きますが、書いた文章を実際に読んでみて、おかしなところはないかと確認しています。やはり、耳で聞いてわかりやすいリズムというものがありますから。文章をつなげてあげるのか、それともいったん文章を切って「ところで〜」「つまり〜」「そして〜」と入り直すのか、文章の切れ目や間を意識してあげると良いと思います。

間や音の変化でリズムを整える

ナレーターの仕事柄、人物のプロフィールを読むこともあります。この本の著者プロフィールを見てもらえればわかりますが、そうした文章は体言止めが多いため、特に間と高低を意識しないと違和感が残ってしまうのです。そんなときは、もとの文章は崩さないようにしつつ、**どこで文章の間を置いたり、高低をつけたりしたら良いのか、自分がわかりやすいと思う状態に再構築しています。**次の一文は、私のプロフィール原稿の一部です。

「高校卒業後に富士通に入社し、試験課に配属。通勤時に――」

この場合、「試験課に配属。」でしっかり切って収めてあげる。「通勤時に」がすぐに続くようだと、聞く側は意味をとれません。ほんの少しトーンを上げて、あらためて読み出すようにすると、聞きやすくなりますよ。

また、文章中に名詞が並んでいるときや補足的に括弧がついているときは、高低差を使ってメインとサブがわかるようにします。

「代表作に情熱大陸（毎日放送、ＴＢＳ系）、Ｆ１（フジテレビ系）」という文章であれば、タイトルを強めに、放送局系をサラッと読むことで、緩急をつけます。

「代表作に**情熱大陸**、毎日放送、ＴＢＳ系。**Ｆ１**、フジテレビ系」とすると、後の文言が前の言葉を補足するというのが聴覚的に認識できますよね。メリハリをつけることで、メインの内容へのイメージをクリアにできるわけです。さらには、補足自体も聞きやすくなります。

ほかにも、体言止めの文章には助詞をつけることもあります。

先ほどの例で言うと、「代表作に」ではなく「代表作には」とするのです。１字だけでは大きく意味が変わることがありませんし、つけ足さなくても読むことはできます。しかし、この１字が音のリズムや流れを変える重要な役割を果たすこともあるのです。文章を読んでいて流れが阻まれているような気がするときには、こうした助詞を使うことも効果的です。

さらに、「代表作には情熱大陸、毎日放送、全国ＴＢＳ系がある」と、動詞も足してあげるのも良いでしょう。

書き言葉では、特に先述のプロフィールなどは情報を効率的に並べることに注力しがちですが、いざ読むとなると、そこにリズム感がなければ伝わりづらくなります。この**リズム感を出すために言葉を足し引きする**のです。

トーンで文章の意味合いを強める

書き言葉では少々存在感の小さい「さて」や「しかし」といった話題を切り替える接続詞は、読み言葉においては、気持ちの入れどころです。

「さて」で目線や声のトーンを落としてしまうと、それまでの話のまとめからの、あるいは次の話題への、切り替えが伝わりにくいからです。つなぎの部分を、トーンを少し上げて話すと、その前後のリズムや流れをつくることができます。

「ここまでがこの話です。**さて**、本題に入りましょうか？」と言うと自然と顔は上がるし、それが「体で表す」ことです。**人は顔を上げると声は高く、大きくなる**ものです。

「しかし」も同様です。「しかし」に少し思いを込めるだけで、その前の文章と次に続く文章の対比や変化のニュアンスが強くイメージできます。自分の気持ちを表現するときにも、音程の差が大きく影響するでしょう。**悲しい「しかし」なのか前向きの「しかし」なのかで表現は違うものになります。**

また、「文章を収める」読み方もよく行います。簡単に言えば、「ここで文章が終わる」ことを示すように、語尾をゆっくりと読むのです。ずっと同じトーンや速度で読むよりも、語尾を意識して緩急をつけると、自然と「終わり」を表現できるようになります。「〜というわけだったのです。」という締めであれば、「〜のです」を、少しゆったりと言うのです。

文章でそのまま画が浮かんでくる美しい書き言葉

先ほど、その発音が美しい人としてオノ・ヨーコさんを紹介しましたが、ここで書き言葉が美しい、心地良いと感じた方を紹介しましょう。

『情熱大陸』のナレーションを数多く書かれている、構成作家の田代裕さんです。田代さんの文章は何より読みやすい。リズムがよく流れが滞らない。それに「よくこういう言葉が浮かぶものだ」と感心するほど、語彙も豊富です。「なんと洒落た言い回しだろう」と読み手としてワクワクすることも度々です。元々はディレクターで、映画も制作する方ですから、映像にピタッとはまる文章を書いてくれます。

『情熱大陸』のナレーションの世界観は、田代さんの文章力によるところが大きいと思います。

また、『情熱大陸』では小説家の方にナレーション原稿を依頼したこともあります。著名な小説家の方です。下読みしたとき、とてもびっくりしました。普通の脚本を書く人ではないんだなと思いましたね。

下読みで、そのまま画が浮かんでくるんです。これだけで世界観ができてしまう。映像がなくても成立してしまうのではないかと、そういう驚きがありました。

やはり小説家は違うと思いました。構成作家は映像に対して、補足したり、その人柄が浮かぶようにあくまでも映像に合わせた文章を書いてくれます。一方で、小説家の方は、「俺が書くから」という自分の主張がとてもパワフルでした。実際には過激な表現になって使えなくなった部分もあったのですが、映像がなくても成立してしまうその力強さが、印象に残っています。

またナレーションではありませんがYouTubeにアップする朗読で接する小説家がいます。ショートショート作家の山川方夫や山本周五郎もいいですね。いろいろな情景を表現しようと考え尽くしている、美しく表現しようと試行錯誤していると感じます。

情景が目に浮かぶような上手な言葉遣いで、頭の中で世界観を容易に想像できるんです。でも、声に出して読むと、これがなかなか難しい。一文が長くなるため、息継ぎの音を入れないように読むのが難しい。
　ここを一気に読んで、ここで間をとって……という具合に、文章の意味するところを損なわないようにしながら読みきるように、いろいろと工夫します。

　例として山本周五郎『松風の門』を挙げます。

「その洞窟は谿谷にのぞむ断崖の上にあった。谷は深く、両岸にはかつて斧を入れたことのない森がみっしりと枝を差交わしているので、日光は真昼のほんのわずかのあいだ、それも弱々しく縞をなしてそっと射し込むだけであった。そのうえ少し遡ったところに大きな滝があり、そこから吹下りて来る飛沫が絶えず断崖を濡らし、樹々の枝葉に後から後からと水晶のような滴の珠を綴るので、盛夏の頃でも空気はひどく冷えていた、洞窟はその谷に向って開いていた」

　みなさんもこの文章を、自分なりに読点をつけて読んでみてください。

8 書き言葉の文章を膨らませる読み言葉

オーバー気味に読み上げる

ここまで度々、「膨らませて読む」という表現をしてきました。どのような表現か、具体的に説明しましょう。

度胸をつけて、大げさな表現ということを恐れずに読んでみましょう。やりすぎたと思ったらだんだんとトーンを落としていけば良いのです。抑えるのは簡単ですが、殻を破るのは誰でも恐ろしいものです。なので、はじめは少しオーバーと思うくらいに、抑揚をつけて読んでみてください。

すると、読み上げる言葉が直線的で平坦なものから、奥行きができて立体的になってきます。

これがバラエティ番組であればテンポ良く、メリハリをつけたり、オーバーに強調したりして、ドキュメンタリー番組であれば語りかけるようにゆっくりと。ときにテンポを変えて、伝えたい部分を立体的に膨らませていきます。

膨らむのは、なにも表現だけではありません。話していることの詳細、場所、時間、気温、人など、そうした事柄の解像度を上げていくと、自分の中のイメージも膨らんでいきます。それを観る側、聞く側に伝えようということは意識してやっています。

事実が淡々と並ぶような文章は、その事実に対してあまりオーバーにならないよう実際のイメージを伝えようとします。

敬称はサラッと伝える

プロフィールの文章では、社名や人名が続くことがあります。オフィシャルな場で協力企業の社名を読み上げるといった状況があるかと思います。

社名においては、私はあまり「株式会社」は強調しません。膨らませるのとは逆にスッと抜くイメージです。

「株式会社○○商事」といった場合、**大事なのは後ろに続く社名であって、そこを目立たせようとしています。その方が聞きやすいでしょう。**

ところが、「株式会社」を強調する読む方をしばしば耳にします。はじめが強くて、後ろが弱い。少々耳障りに聞こえます。

おそらく、「さあこれから大事なことを言うぞ」と構えてしまっているからなんでしょうね。文章は、強く高く出た方が読みやすいのです。でも、「株式会社」「○○商事」と、二つの大きな山ができてしまう。そこで、「株式会社○○**商事**」と、株式会社をサラッと、○○商事を膨らませれば、聞きやすく上品になりますね。大事なところの前はサラッと言いましょう。

敬称も似たような考え方です。

「さま」や「さん」は、聞く側にとってはさほど重要ではありません。「○○さま」の○○（名前）こそが大切なわけですから、敬称はサラリとつけ加える程度に留めるとよいと思います。おそらく、「さま」をつけるような人は、その人にとって重要な人ですから構えてしまうのだと思います。

聞く側のことを考えるというのはこういうところにもつながってきますから、常に意識したいところです。

文章の「流れ」をよくするために

原稿を読むにあたって、敬語は扱いが難しいもののひとつです。敬語と一口に言っても、尊敬語、謙譲語、丁寧語といった種類の使い分けをしっかりしなければならないというのはもちろんのこと、読みのリズムにも直接影響してくるからです。

自分が普段使い慣れていない敬語を無理に使おうとすると、どうしても読みづらいと感じてしまいます。文章を目で追う分にはさらりと読むことができても、実際に読んでみると、息が続かなくなったり、ぎこちない読み方になったりしてしまうのです。

そんなときは、書いた原稿をとりあえず3回は読み上げてみましょう。**自分のスタ**

イルで読みにくいなと感じるところがあれば、別の言い慣れた平たい言葉に変えたり、カットしてみたりしてもいいかもしれません。

方法にとらわれず、自分が読みやすい、喋りやすい話し方や言葉を見つけることから始めてみてください。

そのうえで、聞く側に伝わるような文章を意識すると良いと思います。例えば、「～～が～～をしていた。その前に～～が～～をしていた」というような文章は、時系列が崩れて理解しづらく、聞きづらい文章になってしまいます。この順番を入れ替えるだけで、文章の流れがよくなるのです。

文章の前後関係や助詞、一文の長さなどを理解しやすいように構成すると、綺麗な流線形の文章になります。

9 ミスをいかに取り戻すか

迷いがあるときにミスしがち

テレビでは完成されたものが放映されますから、プロのナレーターはさすがに上手だなと思っていただけているいると思いますが、プロであっても当然ながらナレーション収録の中で読み間違えたり、つっかえたり、ミスをしてしまうことがあります。

個人的に喋りにくい苦手な言い回しが出たり、ほかにもリズムの問題でどうしても巻いて読まなくてはならなかったりといったときですね。

そして、この読み方でいいのか迷いがあるときもミスをしがちです。頭のどこかで

「わかりやすくない」と思いながら読んでいるからミスするのでしょう。「読むという行為において反射神経が良いから、不自然な言葉に反応してしまうのでは」と言われたことがありますが、確かにそうかなと思います。

やり直すことを厭わない

ミスらないナレーターは、本当に全然とちりません。私自身はとちらない方だとは思っていませんし、それほど滑舌がいいとも思っていません。

ただ、生放送のとき以外は、ミスすることをあまり気にしてはいません。収録に関わるスタッフには申し訳ないですが、**言ってしまえば、もう一回録り直せばいいだけ**です。**ミスすることを恐れると、表現力は縮こまってしまいます**。とちらないようにと、大事なところで〝置きに行く〟ような読み方をすると、自信のない表現になりがちです。それは、より良い作品をつくり上げようとするスタッフに失礼というものではないでしょうか。特に、下読みに十分時間を取ることができず、読み難い文章だなとは思いながら、原稿の句読点どおりに読む。でも、リズムが悪く、また、文言のかかりどころを取り違えたり、読み間違えたりする……。構成作家さんは、難しい文章を読みやすくと読点を多めにつけてくださったんですが、私がリズムをつかみきれなかったということでしょう。

そこで、言葉の切りどころを変えて読み直す。もう一回録り直すことを厭うことはありません。

視聴者と同じ感覚で読みたい

原稿の中にはQ（キュー：合図）をもらって読み始めるものであれば、映像を見ながら適切なタイミングで一言を入れるようなときがあります。

例えば、釣りをしていれば魚がかかった瞬間。「来た！」「ヒット！」「今だ！」といった言葉。それぞれ、最もタイミングが重要視される言葉たちです。

まさに視聴者が「来た！」と思ったタイミングで読みたい。このタイミングがズレると視聴者にとっても、読んでいる私にとっても非常に気持ち悪いわけです。

さらにタイミングだけではありません。言葉としては「ヒットした！」でもいいですが、まさに〝今〟ですから、「した」という述語はなくても成立します。ヒットし終えた後に「ヒットした！」なら日本語としては妥当ですが、山場のタイミングでズバリ言うなら、「ヒット！」の方が決まるでしょう。

スタッフのミスをチームで挽回する

通常、テレビ番組のナレーション原稿は構成作家さんが書きますが、ディレクター自らが書く番組もあります。

「精悍な顔つきをした鷹が飛んでいる」という原稿があったとします。

このナレーション原稿を書いたディレクターは、単に鷹であることを伝えるだけでなく、その鷹の様子を形容したかったのでしょう。鷹が映っている映像に、そのナレーションをつけた。確かに、ディレクターが見た鷹は精悍であったのでしょう。

しかし、実際収録するとき、画面には尻尾から追うようにその鷹が映っています。ナレーションを読む立場としては、戸惑います。尻尾が映っているのに、顔つきの話をすることになるわけですから。

こうなると、私にとっては読みづらいです。鷹の尻尾を見ながら、精悍な顔とは言い難いのです。また、視聴者も違和感をもつだろうと考えてしまうのです。

私の戸惑いに、プロデューサーが「文章を二つに分けたら」と提案しました。

「鷹が飛んでいる。その顔つきは精悍」

鷹の顔が映ったときにその表情を表す言葉――「精悍」と読むことで、その精悍さが際立ちます。

その顔つきのよさを強調したく、そのような撮り方をしたのだろうということは想像できます。でも、言葉が逆でした。

結果、倒置法で文章を区切り、言葉に強さが増しました。

「成り立たないな。どうする？」をみんなで考えることがとても大切です。

わからない立場を活かして指摘する

視聴者にとって、違和感のないようにしたい。

それゆえ、私たちナレーターの初見時の感覚は大事だと思っています。

例えば、釣り番組のロケを行い、結果あまり釣れなかった。

そうすると、経験の浅いディレクターとしては、「今回のロケは自信がない」と感じてしまいます。でも、3匹、4匹と釣れているところが撮影できれば、私としては「釣れなかった」とは思いません。編集された映像上は、全然問題ありません。よく釣れていると思うくらいです。

一方で、釣れすぎると、その成果を示したくて釣れたシーンを連発してしまうこともあるでしょう。

その気持ちをわからないわけではないですが、視聴者は釣れるまでのプロセスを知りたいわけです。私もそうです。また釣れた！　こっちでも釣れた！　という映像よりも、このようにして「釣った！」というシーンの方が生き生きとします。

ディレクターは何時間も現場に出て、長い時間待っていたわけです。待ち続けた時間を身をもって知っているので、釣果に自信がない。でも、編集すれば、視聴者は待ち時間を体験することはありません。

ディレクターは釣れなかったことをよく知っています。釣れなかった事実を知っているわけだから、弱気になることもあるでしょう。でも、編集上、エサをつけて投入、そして竿先のアタリを捉えてヒットした瞬間、という流れをしっかり描けば、3、4匹の釣果でも、視聴者は納得してくれると思います。

むしろ、大漁の状況でヒットシーンが連続するよりも、密度の濃い作品になるのではないでしょうか。

また、釣れていない状況で、「1匹目を釣ってから1時間が経過」という原稿がありました。続く言葉は「広範囲を探してみるも、あたらない。移動を繰り返す。やはり来なかった」

ディレクターは、釣れていないことをきちんと示そうと思っていたのでしょう。

しかし、つけ足しは状況説明に終始するばかりで、ときに蛇足になることもあります。

この文言は必要ないのではと感じました。
生み出すのは難しいですが、切るのは楽です。

「1匹目を釣ってから1時間が、経った」

ナレーションがそれで終われば、船上の雰囲気や釣り人の表情からあたらないとわかるだろうと思います。加えるとすれば「あたりは来ない」で十分です。

大切なのは、「間」です。間があれば、「どうしたんだろう？　ああ、釣れないのか」と伝わります。

全てをナレーションで説明してしまうと、映像のおもしろさがなくなってしまうように思います。素材を活かすためには、ときに「言わない」という選択肢もあるのです。

10 公の場で気持ちが伝わる原稿の書き方、読み方

体裁だけに留意せず気持ちが伝わる言葉を選ぶ

ここまで私のナレーションの現場の例をもとに伝え方について話をしてきましたが、ここではみなさんが人前で話すシチュエーションを例に、私なりの「伝わる」伝え方、考え方について、お話ししていきましょう。

例に挙げるのは、結婚式のスピーチです。**参列者に読み手の気持ちを伝えることが最も優先されます**。また、あらたまった場ですから、礼儀も求められます。その点を前提として、スピーチでの話し方、伝え方を私なりにお話ししていきましょう。

例えば、感謝を伝える文章であるがゆえに、「感謝」という言葉を多用しがちですが、言葉の重複はできるだけ避けて、言葉を言い換える、もしくは割愛すると良いかと思います。

多用すると、一つひとつの「感謝」が軽くなりますから、**最初、ないしは最後にしっかりと伝えるようにすると、感謝を伝えようとする感覚が強く印象づいて、気持ちが相手に届きやすくなる**と思います。

「私たち」という単語も二人の結婚式ですから頻出しますが、自明でかつ明らかに近いところで使われているなら、割愛の候補となります。思いの丈がしっかり伝わることが第一の目的ですから、それによってより伝わりやすいと感じるのなら、あえて手直しする必要はありません。ただ、これまでお話ししてきたように「伝わる」には流れも重要な要素のひとつであるということを覚えておいてもらえると良いと思います。

「ありがとうございます」に変化を加える

気持ちを伝えるという点では、読み方が大きく影響します。

私が原稿読みの際にやっていることですが、原稿の文章には、斜線（／）や単語の横に曲線（）といった記号を入れてみるといいかもしれません。これは読む際の注意点を示したもので、本番でイメージどおりに読むための下準備のようなものです。

特に厳密なルールがあるわけではなく、私の感覚で書き記しているものですが、／は読む際の区切り、単語の横の曲線はそれをひとかたまりで読む、膨らませて読むといったイメージです。

例えば「本当に幸せです」という文章において、「本当に」は、あまり速く言わないように注意したい言葉です。

一般論として、副詞は意識していないとサラッと読みがちです。結婚式ですから、幸せであることは前提です。**この状況で気持ちを伝えるうえで、「本当に」は大切な言葉であり、しっかりと発音すると良い**です。いつもの会話のイメージで読むと、その幸せの度合いが伝わりません。極端にゆっくりすぎると、それはそれで嫌味な印象も与えますから、程度に気をつけましょう。

一方で、「私たちのためにお集まりいただき」という文章においては、「私たち」の

「ために」があまり強調されると、上から目線のようにも聞こえます。「お集まりいただき」が膨らむような読み方をすると、集まってくれたことへの感謝の気持ちが伝わりやすくなります。

また、「感謝」とともに頻出するのが「ありがとうございます」という言葉です。親や友人、関係者など、それぞれに伝えるべき言葉で、頻出するからといって割愛するわけにはいきません。

そのため、**言い方を使い分けると良いでしょう。口にするときの目線やスピードに変化をつけたり、間をつくったりといった具合です。**

書面を見ながら読んでいるのであれば、最後の「ありがとうございます」は、目線を一度上に向けて述べるようにしたいところです。

最後の「ありがとうございます」を最も強調したうえで締めるので、それまではあまり重たくならないようにしておけば、それだけでも変化がついて気持ちも伝わります。

「いつも助けてくれて、ありがとうございます」

「今回はここまでしていただいて、ありがとうございました」
それぞれ意味が違いますから、感謝するタイミングに応じて使い分けることで、読む文章にメリハリも出ます。

目線で言葉のニュアンスが変わる

家族や友人、今日ご列席のみなさまと読み上げていくうちに、自然と顔が上がってくるでしょう。

そこで再度目線を下げてしまわず、その人に向かって話すと、言葉に実感がこもって、良いのではないでしょうか。「ありがとうございます」の言い方にも、自然とバリエーションが出てくると思います。

特に、うなずいている人がいれば、その人に向かって話しかけるととても話しやすく、結果伝わるようになります。私自身も、講演や舞台で朗読などを行う際には、そうしています。いざ、ご列席いただいたみなさまと言ったものの、大勢いるわけですから、どこを見てよいか迷います。その際に、うなずいてくれる人を見つけると、自然な話し方ができるのではないでしょうか。

誰が誰に向かって言う言葉か、漠然とさせずにそれをまず明確にすると先述しましたが、それは一つの文章ごとに変わってきます。一つの文章ごとに明確にしておく必要があります。敬語の使い方も変わってきますし、気持ちの入れ方、言葉の調子、言葉を投げかける距離感も変わってきます。

それらを踏まえたうえで話すことが「生きた言葉」なのだろうと思います。

原稿に目を落としても相手の顔を思い浮かべる

言葉が出なくなり、頭の中が真っ白になってしまう経験をした人も多いことでしょう。そんな経験がある人にとって、結婚式のスピーチは精神的に負担も大きいかと思います。その不安を解消するためには、練習するしかないと思います。

全てを丸暗記することはおそらく無理でしょう。一字一句覚えるのは難しいし、逆に一字一句覚えた場合、次はこの言葉で、その次はこの言葉で、あれ、次は……と、その時点で頭が真っ白になってしまいます。また、生半可に原稿の文章を覚えただけの状態では、言葉に気持ちが乗りづらくなるものです。

練習にそれほどの時間はとれないでしょうから、練習してもうまくいかないと感じたら、開き直って終始書面に目を向ける。ただし、最後の言葉は顔を上げて話す、といった具合に決めてしまった方がいいかと思います。

書面を読んでいても、それぞれの映像は頭に思い浮かべる。そうすれば、棒読みになることも防げるでしょう。

最後の一文は、それほど複雑ではないし、なかでも気持ちを伝えることが最も求められます。ここはがんばって覚えて、最後に顔を上げて読みましょう。

11 物語を上手に読むためのコツ

言葉の意味をおさえておく

ここでは実際に私が読んだ感覚から、読む際のコツを解説したいと思います。小説の一節を題材にして、読みのポイントを解説していきましょう。

今回取り上げるのは宮沢賢治の『銀河鉄道の夜』の冒頭、「午后の授業」です。宮沢賢治は表現が非常に綺麗ですが、それが独特だったり、一文が長かったりするので、読むには難しい一面ももち合わせています。

「カムパネルラが手をあげました。それから四五人手をあげました。ジョバンニも手をあげようとして、急いでそのままやめました。たしかにあれがみんな星だと、いつか雑誌で読んだのでしたが、このごろはジョバンニはまるで毎日教室でもねむく、本を読むひまも読む本もないので、なんだかどんなこともよくわからないという気持ちがするのでした。」

まず、この部分、特に「このごろジョバンニは～」のところです。私は初見の際、この部分の読み方がわかりませんでした。それは、「まるで」という副詞によるものです。「～のような」という比喩の「まるで」ではなく、「まるでわからない」などの、「すっかり」のほうの「まるで」なんですね。言ってしまえば、この「まるで」はなくても文意は十分通るものでもあるのです。これ以前から続いている文章と合わせると、文章がかなり長くなっていること、この「まるで」の語意をはき違えたこと。これらが原因となって、読み方には戸惑いました。

ほかにも、同じ部分の「まるで毎日教室でもねむく」の「ねむく」がひらがななので読みにくかったです。同じように感じた人なら、もしかしたら「でもね」と捉える、といったことがあったかもしれません。読む際は漢字で慣れている表現がひらがなになっていたり、ひらがなで見慣れていた表現が難しい漢字で表されていたりと、思いがけないところで自分の認識と異なる部分があります。

読みでは文章が立つようにするため、適切な間をとることが必要になります。**間の良い文章を読むには、文章の意味を理解しておかなければなりません。**

そして、文章の意味を理解するためには、その構成要素である言葉の意味も理解しておくことが前提として考えられるでしょう。簡略的に、**「文章の意味ごとの区切り←文章の意味の理解←文章中の言葉の意味の理解」**という構造を覚えておいてもらえるといいかなと思います。

文意が通るところで一度切ってみる

さて、この部分での間の取り方、すなわち言葉の意味から考える文の切り方も難しいものだったのですが、ほかにも読み方に戸惑った部分がありました。次の文章です。

「そうだ僕は知っていたのだ、勿論カムパネルラも知っている、それはいつかカムパネルラのお父さんの博士のうちでカムパネルラといっしょに読んだ雑誌のなかにあったのだ。それどこでなくカムパネルラは、その雑誌を読むと、すぐお父さんの書斎から巨きな本をもってきて、ぎんがというところをひろげ、まっ黒な頁いっぱいに白い点々のある美しい写真を二人でいつまでも見たのでした。それをカムパネルラが忘れる筈もなかったのに、すぐに返事をしなかったのは、このごろぼくが、朝にも午后にも仕事がつらく、学校に出てももうみんなともはきはき遊ばず、カムパネルラともあんまり物を云わないようになったので、カムパネルラがそれを知って気の毒がってわざと返事をしなかったのだ、そう考えるとたまらないほど、じぶんもカムパネルラもあわれなような気がするのでした。」

例えば、「それはいつかカムパネルラのお父さんの博士のうちで〜」のところ。「の」が三つ続いていますね。しっかり読めば、「カムパネルラのお父さん＝博士のうちで」という構造がわかると思います。

私は実際に朗読したとき、ここで「ん?」となりました。ほかにも、少しさかのぼった「やはりもじもじ立ち上ったままやはり答えが出ませんでした」のところや、少し後の「まっ黒な頁いっぱいに白い点々のある美しい写真を二人でいつまでも見たのでした」の部分などは、同じように少し引っかかりました。

これらの文章には全て読点(、)が足りないのです。読点がないからどこで文章を切ればいいのかわからず、結果的に長々とした文章を読み上げるようになってしまうのです。今度は文章の長さと意味から考える文の切り方が問題になってくるわけです。

ゆえに私がナレーション原稿の下読みを行う際は、必ず文章がどこで切れるのかという目星をつけておいて、意識的に自分で読点を打つようにしています。場合によっては、「わざと返事をしなかったのだ、」のような、スッパリ切れそうな部分の読点なら、句点(。)にしてしまうこともあります。

どこで切るのか、私なりの例をご紹介します。

「それどこでなく、カムパネルラはその雑誌を読むと、すぐお父さんの書斎から巨きな本を持ってきて、ぎんがというところをひろげ、まっ黒な頁いっぱいに白い点々のある美しい写真を、二人でいつまでも見たのでした。それをカムパネルラが忘れるはずもなかったのに、すぐに返事をしなかったのは、この頃僕が、朝にも午後にも仕事がつらく、学校に出ても、もうみんなともはきはき遊ばず、カムパネルラともあんまり物を云わないようになったので、カムパネルラがそれを知って気の毒がって、わざと返事をしなかったのだ。そう考えると、たまらないほど、自分もカムパネルラも哀れなような気がするのでした。」

こうしてみると、**文章本位の読みの方法を取ることが、巡りめぐって自分の読みやすいリズムになってくる**のではないのかなと感じます。

文章は一度読んでみると、読みやすい部分と読みづらい部分、意味の通りやすい部分と通りにくい部分が見えてきます。

こうして、わかりやすい表現にそぐわない部分——文章中の前後関係や状況、特定の文の意味合いの齟齬を自分がわかりやすいような言い方に直していくと、次第に文章が躍動感やリアル感を帯びてきます。

それを繰り返していくと、自分自身と、文章そのものの表現の幅が生まれます。**それらを掛け合わせたり、ときに文章の表現や自分の表現方法を変えたりする試行錯誤の先に、わかりやすい伝え方が出てくる**のかなと思います。

同じ文章でも人によって受け取り方は異なる

『銀河鉄道の夜』は児童文学でもあるので、子どもに読み聞かせるなら読み方は語りかけるようなゆっくりとした口調で、優しさを伴うようなものになると思います。

ところが、これを朗読会などで、小学校高学年ごろの子どもたちに聞かせるような語り口で朗読すると、くどいと受け取られかねません。

同じ文章を同じように読んでも、聞いている人が違うと受け取り方は異なるものです。こうした差異は商談、部下や生徒、子どもへの指導、日常会話など、大人のコミュニケーションにも当てはまると思います。

言葉を向ける対象によって意識して喋るときの速さ、言葉の強弱を変えると、円滑なコミュニケーションの助けになるのではないでしょうか。

第4章

チーム力を引き上げるコミュニケーション

1　自分の納得を重ねながら視聴者の納得とすり合わせていく

自分が納得できなければ視聴者も納得できない

テレビ番組のナレーション収録では、ほとんどが原稿の下読みが終わったら、テストなしですぐ本番。ナレーションを入れる部分だけ映像を見ながら録音します。とてもスピーディです。

しかし、私は、レギュラーのドキュメンタリー番組などでは時間をもらい、準備をしっかり行います。30分の番組であれば、収録には2時間ほどかかることが多いです。休憩はとらず、一気に集中して行います。

そのうち、1時間は、内容の確認やテストにあてます。

これは私独特の進め方ですが、まず、全ての流れを把握したい。はじめに、構成作家の書いてきたナレーション原稿を、まず下読みします。下読みの過程では、質問を繰り返します。

「これはどういう状況なのか」

「この文章はこういう意味合いで良いのか」

自分にとって腑に落ちない原稿であれば、視聴者もそのナレーションでは理解できないかもしれません。もちろん、映像の内容についてもよくわからない。つまり、「伝わらない番組」になってしまいます。

自分が納得したうえで読むための準備です。

ときには、ロケを行ったディレクターの気持ちも確認します。

「寒かった?」

「流氷を見たの?」

質問としては、ちょっとしたものです。それでもその場の雰囲気を知るために必要なことです。

理屈だけでなく感覚的に腑に落ちることも必要

また理屈だけではなく、感覚的にわからないことも避けたいところです。

映像を観ている視聴者が感覚的に腑に落ちる。例えばゴルフ番組であればゴルフをしているような感覚、釣り番組であれば海や川で釣りをしているような感覚で観てもらいたい。

その感覚を合わせるために、収録前に映像を見せてもらいながら、ナレーションをあてていきます。

そのうえで、意味合いやタイミングなど違和感があれば、ディレクターとともにナレーション原稿を調整します。このナレーション原稿を修正する時間は大事です。

そうこうしていると1時間が経つわけです。

ここでしっかりと練っておかないと、いざナレーションを入れる際に「ここの文章では状況説明として成立しない」「この映像を観ている視聴者は、理解できないのではないか」など、立ち止まってしまうことになってしまいます。

視聴者にとってわかりやすい感覚を探す

ナレーションは映像とともに聞くものです。原稿を下読みするだけでは、その感覚は確認できません。映像を見ながらのテストで、視聴者にとってわかりやすい感覚を探します。

確かに収録までは時間がかかるのですが、形を決めてしまえば、後は収録に集中するだけです。収録する中で新たに違和感が見つかることもありますが、おおよその形を決めているので、収録中に右往左往することはありません。また、テストをしているからこそ見つかる微調整でもあったりして、クオリティは間違いなく上がっていきます。

どうすれば視聴者に伝わるのか。わかってもらえるのか。

そのためには、やはり**見て「感じる」必要があります。まず、説明する本人がわからなければ、伝えようがありません。**

まず、素材を理解する。この工程が伝えるためにまず必要なのです。

2 自分のペースで仕事をするための雰囲気を自らつくる

周りを巻き込みながら準備をする

いつも、収録現場には予定時間の10分ほど前に入り、現場の雰囲気づくりから始めます。私自身、緊張したまま仕事をするのは嫌ですし、スタッフたちが緊張したままでいるのも、チームで良い仕事をするためには避けたいところです。

さらには、この雰囲気づくりは自分のペースで仕事をするためでもあります。

例えば、アナウンスブースに台本が置いてあり、こちらでお読みくださいと促されますが、私はアナウンスブースではなく、必ずスタッフのみんなのもとへ台本をもってきて、スタッフと一緒に下読みをします。そうすると、**孤独な下読みの作業が、周りを巻き込みながらの作業となり、収録前の雰囲気づくりもできますし、先述したように質問をしていくことでナレーション原稿への理解も深められます。**

下読み中にコミュニケーションをとる

下読みしながら、その原稿の率直な感想を言ったりします。「そうなんだ、そんなこともあるんですね」といった内容への率直な感想から、「これ実際に見てきたの？　どうだった？」など会話を交わしたりもします。

そういうふうに下読みをしていって、「それではテストを行いましょうか」と私が言うことで、こちらのペースになります。

「自分のペース」と言うと誤解があるかもしれませんが、決して我を通していくのではなく、みんなが同じ方向を向いて仕事ができる雰囲気にするためです。それこそが私のペースなのです。そもそも私自身、あまりピリピリした現場で仕事をしたくありません。**みんなが仕事を楽しめなければ、各自の実力が発揮されづらくなりますから。**

収録の入り方がその日の仕事を左右する

なかにはアナウンスブースに入って下読みして、テスト本番でナレーションを入れて、終われば、そのまま帰るという流れの人もいるようです。

もちろん、そういう仕事のスタイルを批判するつもりはありませんが、私がベストを尽くすためには、その流れでは難しいです。

また、相手のペースになると煽られているように感じてしまいます。

例えば、アナウンスブースの中でひとり下読みをしていると、ブースの向こうではみんながじっと待っている。まだかまだかと待っている。「下読みができました」と言うと、「では、いきましょうか」と言われて収録開始。これでは、自分のペースではなくなり、文章の捉え方も足りない部分があり、とちりもするし、うまく表現できないこともあります。

長期にわたるレギュラー番組の収録現場は、雰囲気がすでにつくられています。そういう場合は、「おはようございます」の第一声の後すぐ「じゃあ、読んでいくよ」と下読みが始まることもあります。

レギュラー番組はいつも見知った顔で雰囲気もつくられているため、できることです。知らない人が見たら、いきなり私が読み始めているような印象をもつかもしれませんね。

はじめての収録現場では、まずあいさつから始まって、収録内容の説明もあります。番組の主旨や、その主旨を踏まえて、どのようなトーンでナレーションを入れるのかといった説明を受けます。

特に企業が商品の周知など特定の目的で制作した動画「ＶＰ（ビデオパッケージ）」の場合はスポンサーの方々も同席されているので、その方々から今回のＶＰをどこで流すのか、対象はどんな人たちかなどを伺います。

そうした会話も、内容の理解のためには必要なことです。

現場の第一声は常に一定にする

現場の雰囲気づくりのためにまず大切なのが、あいさつです。

収録現場に入るときの第一声となるあいさつは、「おはようございます」とはっきりと明るい声で言うようにしています。

当たり前のように聞こえるかもしれませんが、この第一声で現場の雰囲気はずいぶん変わるものです。常に一定のテンションでしっかりとあいさつします。

「一定のテンション」などと言うと小難しい話のようにも聞こえますが、要は**その日の自分の機嫌を仕事にもち込まない**ということです。スタッフのみなさんからも、「いつも窪

田さんは変わらない」と言われているそうです（笑）

これだけは自信をもって断言しますが、私は**プライベートでの感情の浮き沈みを仕事に引きずることは一切ありません。**別段、この切り替えを意識しているというわけではないのですが、とにかく目の前のやるべきことだけに集中するのが私の特徴のようで、スタジオに入った瞬間、我ながら見事に切り替わります。

そのコツをみなさんにお伝えできたらとも思うのですが、残念ながら切り替えのコツなどがあるわけではなく……。

私の場合は、この文章をどう表現しよう、どう伝えようなど、そうした「読み」のことで頭がいっぱいです。私ひとりではなく、チームでやっていることであり、良い作品に仕上げようと、みんな集まっています。その中で目の前に私がやるべき仕事がある。目的がはっきりしていますから、すぐに集中できるのだと思います。

強いて私から切り替えの方法として伝えるとしたら、「**その場にいる目的をはっきりさせること**」でしょうか。

チームの目的、自分の役割――。自分に課せられた仕事をしっかりと仕上げることを考えれば、出社するときのあいさつも溌剌としたものになるでしょう。

仕事が終われば、「朝、ちょっと言い争ったから、おみやげを買って帰るか」などと家に帰った後のことが頭に浮かぶわけですが、それは仕事からプライベートに切り替えられたということ。両方とも大事にしたいですね。

3 コミュニケーションを重ね作品づくりへの意識を合わせる

答えやすい下地をつくっておく

先述したように、私はスタッフみんながいるところで下読みを行います。レギュラー番組の収録ではあらたまった打ち合わせは行わず、すぐに収録の作業に入る現場がほとんどですから、スタッフとのコミュニケーションは収録の過程で行うことになります。

ディレクターがロケに出て撮影したものであれば、その現地の話をしたりします。「一度行ってみたいと思っているんだ。ここの景色は迫力があるね」と映像に対する自分なりの感想を述べたりします。

こうしてディレクターの思いなども理解していきます。

収録中、ナレーターに「これ、どういうこと？」「ここ、ちょっとわからないな」などと唐突に言われると、言われたディレクターはドキッとして、うまく答えられないこともあるでしょう。でも、理解できない部分を確認しあえば、納得できる答えが見つかり、うまく表現できるようになります。

一方で、釣り番組で「この魚、食べた？　おいしかった？」などと聞いた後で、「この魚の説明は、もう少し詳しく説明した方が、視聴者は理解しやすいかもしれないね」と具体的に伝えると、ディレクターも答えやすくなり、「それならこうしましょうか」と別の案も出てきたりします。

作品づくりへの意識を合わせる

現場のスタッフの大半は私より若く、年長者として私に気をつかってくれている部分もあるでしょう。さすがに怯えたりはしないでしょうが、業界の先輩である私に対して言いづらいこともあるはずです。

しかし、そうした気遣いは、ともに作品をつくる仲間として本意ではありません。**作**

品をよりよくするために、どんどん遠慮なく意見してほしいと思っています。

私に対してディレクター自身の考えを述べられるよう雰囲気をつくるわけです。「迫力ある景色だね」などと私の感想を伝えるのも、きっと視聴者もそう感じると思うよ、という問いかけでもあるわけです。一言触れておけば、その後、ディレクターも、自分の思いや意見を述べやすくなるだろうと思って、そうしています。

制作の仲間と喋る機会

現場の外であっても、制作のメンバーとコミュニケーションをとる機会そのものは大切にしています。

仕事が終わった後にお弁当が用意されていることがあって、そういうときはそれを必ずいただいて、そのとき一緒にいる仲間と、口下手なりにコミュニケーションをとろうと思っています。

私は声や言葉を生業にしていますが、本来は非常に口下手な人間なのです。少し触れましたが、私はフリートークや雑談の類が苦手です。沈黙が怖いので、「何か喋らなきゃ」という思いが強く、急ぎ足に言葉をつないでしまって、余裕がなくなってしまうのです。加えて人見知りをする性質でもあるので、はじめてお会いする方と話すときは緊張してしまい、さらに余裕がなくなることも……。

でも私のこんな性質が、逆にコミュニケーションを円滑にしていたのだと思えた話を耳にしました。

例えば、若手のスタッフの緊張をほぐすのに一役買っていたということです。私自身は黙っているのが嫌だからという理由で話しかけていたことが、相手の目線では「喋ってくれる」とか、「威圧感を感じない」と思うようで、結果的に私に対して話しかけやすくなってありがたい、と感じていたそうです。

先ほど、収録入りするときの私はいつも一定のテンションで、態度が変わらないという話をしました。このことと私の普段の喋りと合わさって、若手のスタッフにとってはいい意味でのギャップになっているのだそうです。

「もっとカッチリした堅い人なのかと思っていた」「ベテランの恐い人というイメージがあった」と言われることもありました。

私としてはびっくりしましたが、ともかくこうした性格が、結果的に良い方向へ導いてくれるなら僥倖というものでしょう。**だからこそ、喋る機会は大切にしています**。その影響で私と、ひいては現場でもコミュニケーションを交わして、どんどん意見を言ってくれるような風土ができれば、前向きに楽しい仕事ができるようになると思います。

仕事を安全な幅で収めようとしないために

そういうふうにとにかくコミュニケーションを取って、ときに映像を見ながら、「この二人のやりとり、おかしくて笑っちゃうね」といった具合に何気ない言葉をかけることによって現場はなごみます。

仕事というのは緊張するものですが、終始緊張していては、いい仕事はできません。収録現場ではリラックスしながら、集中して考えるときは考えてメリハリをつけたいと思っています。**最初から緊張し続けているといいものはできません**。

これはナレーションの収録現場に限らず、どの職場でもそうなのではないでしょうか。現場の雰囲気がピリピリしていると、安全圏の中で勝負しよう、あの人に怒られるかもしれないからやめておこう、となりがちです。つまり、みんなが本来出せるはずの力を出せずに収録が終わることもありうるわけです。

仕事の過程でもう少し踏み出してもいい、もしくは、少し遊んでもいいという状況がしばしばあります。まさに自分を表現するチャンスです。

でも、とにかく時間が限られ、ムダな緊張感や、早く終わらせなきゃいけないといったプレッシャーを感じると、安全な幅で収めようとしてしまいます。

結果、自由度がなくなってきて、表現も今ひとつになりますし、そもそも楽しくありません。私自身はリラックスして、**一回は緊張をほぐしてから、「さあ、行こう」と自身に鞭を入れるやり方が合っている**と思います。

4 否定するのではなくともに対応を考える

成り立たないけど、どうしますか？

ナレーターとしてのキャリアが始まったときは、大半のディレクターが私より経験豊富ですから頼っていればよかった。それがいつのころからか頼られるようなキャリアになりました。

頼られれば応えたいと思いますが、「**こうすべきだ**」**といった決めつけた言い方はやめよう**と思っています。

例えば、「この場面でこのナレーションは成り立たないよね。だから、こうでなきゃいけないよ」とは言わないようにしています。

「成り立たないけど、どうします？」

例えば、あるリーダーが部下に指示を出している映像。ナレーション原稿では、トラブルに対してチームで対応していることを伝える内容になっていたのですが、映像では指示を出しているリーダーしか見えません。そうすると「チームで対応している」という言葉が視聴者にとってピンと来ないのではないかと考えました。

そうした違和感を、私はディレクターに伝えます。映像自体は変えるわけにはいきません。では、どうするか。

「わかり難いので、こういう言い直しはどうですか？」と伝えます。

決して、「こうでなければダメだよ」とは伝えない。

そうすると、ディレクターは、「そうしてみましょう」と決断するか、「であれば、こうしてみてはどうですか」と対案を出すことができます。

あくまでも主導権はディレクターがもっているのです。

決めつけてしまっては、ディレクターも「勝手にやってればいい」などと思うかもしれません。そうした感情は作品をつくるチームにあってはなりません。必ず委ねて「どうです？」と聞いて、「では、そうしましょう」と本人に決めてもらうのです。決定権はディレクターにあるのです。私は、より完成度が高まるようフォローするのです。

どのような仕事の現場にも「適材適所」という言葉はあります。それぞれの人に、それぞれの役割があるのです。それぞれの決定を行うという過程において、その実務や決断を行うのは、あくまでその役割を担っている人です。

そしてその役割は、業界に長くいるなど年功に左右されるものでは決してありません。

制作を全体的に統括し、その主導権を握るプロジェクトのリーダーであっても、細部に

関してはその道の関係者の方がより良いものに近づけることができるかもしれません。

そういうときは管理監督者と実務の人間が、お互いに提案していくことが重要になるでしょう。自身の仕事をまっとうするためにも、そして、相手にも自身の仕事をまっとうしてもらうためにも、**お互いの意見は忌憚なく言いつつ、協調の姿勢でそれについて話し合う**。チームで仕事をするうえでは重要なことだと思います。

私は、番組はあくまでディレクターの作品だと考えています。

私から提案をしても、ディレクターが「いや、そのままでいきたいです」と言った場合は、その要望に応えます。

自分の中では納得していないことも場合によってはあるわけですが、私が必ず正しいわけではないし、ディレクターは自分の描く完成像に向かっているのです。

若い人を育てる

ナレーションの収録現場では、局のプロデューサー、制作会社のプロデューサー、音声のバランスを調整するミキサーさん、音楽を使って映像の演出効果を高める音楽効果さん、そして構成作家さんが同席する場合もあり、多くの方がいます。ややもすると、四方八方からいろいろな指摘をされて、特に若いディレクターはつらいかもしれません。

しかし、制作本数の少ない新人ディレクターには、確かに詰めの甘い部分があります。みなさん、そういったところを指摘します。

もちろん、事前にプロデューサーの意見を求め編集してはいますが、決断のつかない部分、曖昧な部分を残したままナレーション収録になったのでしょう。新人ディレクターにとっては針の筵《むしろ》だと言えます。

みんな、早く一人前になってほしいという思いから、容赦なくダメ出しします。どういう意図でこの映像を入れたのか、ディレクターの思いを聞きます。**指摘された理由が理解できれば、次回はもっとスッキリとした編集になることでしょう**。とにかく、この場は所々に変更を加え、また一部分編集し直すなどして、完成度を高めていきます。

どんな仕事でも同じですが、誰でもデビューするときが来ます。そのとき、完璧なものを披露できる人はそういないのではないでしょうか。そのディレクターが担当した3作目あたりからは、冗長な部分がなくなり、すっきりとしたリズムのある作品になっていました。

私がプロデューサーに「ずいぶんいい編集になりましたね」と言うと、プロデューサーは「まだまだですよ」とニヤリと笑いました。

新人ディレクターは、階段をひとつ上ったようです。

5 ナレーションと現場の音声のバランス

音の取捨選択がリアルさを生む

私が気にするのは、私自身の声（ナレーション）だけではありません。ロケの現場には、実にさまざまな音があります。人の話し声、そこで動く機械の音、人が歩く音、自然の音。

マイクが拾った音が、一聴するとよく聞こえなかったりして、その音のみを大きくするという判断もあるでしょう。しかし、場合によっては、それらの音に演出はむしろいらないのではないかと私は考えます。嘘っぽく聞こえてしまうからです。聞こえづらくても、そのリアルさが良いという具合です。

ただし、私がそう考えても、それはあくまで私の意見。ディレクターが効果音などを入れたいというのであれば、私はその判断に従います。

派手にしようと思えばいくらでもできますが、せっかくいい画が撮れているのに、その演出によって嘘っぽくなってしまい、全体がつくりもののようになるのは嫌だなと思います。

ドキュメンタリーは、できればその現場の音でいきたいし、一方でバラエティなどは笑いを生むための緩急として、笑う場所を強調するために効果音を所々に入れます。ナレーションの読みも自然と明るくアップテンポになり、効果音と相まって、リズムが出てきます。

番組、作品によって、ナレーターの読み方はさまざまに使い分けます。

リアリティのために現場の声を立たせる

逆に、ロケ現場のノイズがリアリティを生むなら、その音を立たせるということもあります。

例えば、ある静かな空間を切り取って、「パチ、パチ」とはさみで物を切る音がするとします。そんな小さな音が響くほどに空間が静まり返っている、という現実感を演出するなら、本来はそこに被せるようなタイミングで読み出すのを、意図して遅らせるということを試みます。それが**視聴者に臨場感を伝えることに一役買うなら、試さない手はありません。アイディアとして思いつくと、やってみたくなる性質なのです。**

もし現場を活かしてナレーションを遅らせるなら、当然、出た分をつめて収める必要があります。不自然にならない程度にスピードを上げて声を当てます。

しかし、やはりそこは時間との勝負。私のチャレンジがいつもうまくいくとは限りません。間に合わない、間に合わせようとして非常に不自然になってしまう。そんなときはやむなく諦めるしかありません。指示にはないことなのですが、視聴者により良いものをと考えれば試してみる価値はあります。

この音を選ぶ基準は、第一にリアルかどうかです。音によってその場の雰囲気が限りなく当事者に近しいものになっていると、笑い声でも衣擦《きぬず》れの音でも、ぜひその音を活かしたいなと思います。

先ほどのはさみの音もそうですが、例えば車のドアの「バタン」という開閉音。そこに声を被せて、「そのとき彼が向かったのは」で画面を切り替えて行き先を表示するのもいいですが、あえて少し速く「そのとき彼が向かったのは」と声を乗せ、その後に「バタン」とドアを閉める音を入れる。すると、人が車に乗り込んだ雰囲気がリアリティとなって伝わるように思います。

この試行錯誤が、「伝えたい」と思う私にとってはとても楽しい時間ですね。

作品に立体感をつける

言葉で映像内に距離感をつけ、映像を立体的にしていくのも、ナレーターの大事な仕事だと、私は思っています。ここでいう距離感とは、第2章で述べた「作品と視聴者＝

自分」のそれではなく、「作品に立体感を出すための、言葉で表現した映像内の要素同士の距離感」です。

例えば、映像の場面が切り替わって建物が映されます。「2024年、何月」と声を当てた後、再度場面が切り替わり人が映される。「そのとき彼は、〜〜をしていた」と前者に対して後者の声が強く読まれると、こちらに強い印象をもち、観ている側がよりわかりやすくなります。

あるいは、沖縄の風景があった後、六本木で仕事をしている風景に切り替わったとします。風景が、暑さを感じる4月の沖縄から一転、東京になりました。ここで切り替わったことを「東京六本木」とさらりと言ってしまうのではその対比構造が弱まり、せっかくの場面がどちらも引き立たなくなってしまいます。「東京、六本木」とグッとおさえるように言うだけで、場面転換がより一層際立ちます。

すでに幾度かお話ししたことですが、こうして文章に起伏をもたせておく、メリハリをつけておくことが、心地よさやわかりやすさにつながってくるのです。

ノイズやタイミング、それらへの意識から生じる絶妙な立体感。これらをめぐるコンマ単位の間で、映像に合うように、そして映像がわかりやすくなるように、映像と駆け引きをする。私はそうした、作品をより良いものにするための試行錯誤、「遊び」をもたせるということも大事にしています。

仕事において「遊ぶ」ということ

こうして遊んでいるときは、**より良いものを手探りで探している感覚があって楽しいです。**「音楽がこういうふうに来る。なら、ここはこう読もう」「ここでふわりと切れるから、そこに合わせて収めたい」など、私なりの心地よさを求めていろいろと試しています。

それでやってみて、でき上がったものがよくなることも、ディレクターに「そこまではいらないです」と言われることも、両方あります。最終的にゴーサインはディレクターが出すので、私の試みの結果に関してはあまり悩まずにすむのはありがたいです。その分、大きく気負うことなくチャレンジできますから。

ただ、こうした試みも自分の満足感だけでなく、この後に観てくれる人がいるからこそです。こうしていろいろ考えて挑戦していく過程が、最終的に観ている側にとっての楽しさなどにつながってくるのではないかなと思っています。

遊びの感覚で気軽にやってみる

こうした**「まずやってみる」というスタンスが、ナレーションの仕事でも同じようにあり、私の根底の部分となっています。**気持ちを目の前の作品だけに込め、よりよくするのに夢中になる。そのためのことなら、何でもすぐにやってみたい。だからパッと思いつくたび、何度も録り直させてもらいます。

台本には読み始めるタイミングが、何分何秒からと指示されています。

しかし、画を見ると、「ここから声をつければよりいいんじゃないか」「ここまでに読み終わればかっこいいかもしれない」と思うことが多々あります。それらを探したり、見つけたりするのは楽しいです。そういう心地よさやかっこよさを求めるのも、私にとってはやはり「遊び」なわけです。だから、感覚としてはやはり「真面目に仕事に取り組もう」ではなくて、「さあ、思いっきり遊ぼうか」の方が近いのかもしれません。

ディレクターの中にはそういったことを一切気にせず、彼らなりの正解を求める方もいます。ディレクターの意向は尊重するにしても、「こういうのはどうだろうか」、「どう活かそうか」などを求めていく過程は楽しいものです。心地よさ、かっこよさ、リアル感。そういったものを総合的に仕上げていくプロセスはやっていて楽しいし、そういうようにつくり上げていきたいと常に思っています。

だから、仕事の難易度が高ければ楽しいし、挑戦のしがいがあります。**この画を、この音を活かしたい、そのうえでこうしてみたい――みんながそんな思いをもった活気ある現場は楽しいです。**

第5章

「伝わる」ために日々考えてきたこと

1　人に寄り添った語り口とは何か

口調によって登場人物の心情は違って見える

ドキュメンタリーもののナレーションでは、そこに映る登場人物がいます。その人を思う気持ちは口調に表れます。繰り返しとなりますが、私はなるべくその人に寄り添ってあげたいなという気持ちでいます。

例えば、「この4月から、彼はオランダで暮らしている」という文章。

ワクワクするような口調なのか、それとも間を置いた落ち着いた口調なのか、その選択でそこに映る彼の心情が違って見えてきます。

前者は自らオランダで暮らすことを選択し、希望に満ち溢れているようなイメージをもちます。後者は事実を客観的に伝えることで落ち着いた暮らしぶりに感じられます。

ただし、**この気持ちは決して押しつけるものにしてはいけないと思っています**。どちらの読み方でも、愛情をもって見守っている――そんなイメージです。そうして、視聴者の耳にも自然と言葉や気持ちが届くように心がけています。

それから、語尾の収め方に変化をつけることもあります。「～～していたのだった」と、歯切れよく言うのも良いのですが、だんだんとフェードアウトするように、優しく収めると、押しつけがましくない喋りになると思います。

逆に説得力をもたせたいなら、もう少しはっきり伝えることを意識した方が良いでしょう。「いたのだった」を強めにゆっくりと言うのです。

ナレーターは制作と視聴者の橋渡し役

原稿を書いてくれた作家の気持ちを汲み取ることも大事です。「ここはどういうふうに読んでほしいと思っているのだろう」と考えるのです。構成作家さんが同席しているときは、この表現で間違っていないか聞くこともあります。「こう読んでほしい」と要求されることもあります。

ナレーターは、制作側の人間である一方で、視聴者への橋渡し役でもあります。制作の意図をきちんと視聴者へ届けるために、正しい表現の追求は必要なことだと思っています。

そのためにわからないことを聞くことは、何も恥ずかしいことではありません。むしろ、私自身がどのように伝えればよいかわかっていなければ、視聴者へ伝えることもできないでしょう。

それに、どうやって伝えればよいかがわかれば、より理解されやすいナレーションができると思っています。

2 「もう一回お願いします」のチャレンジこそが矜持

自分が納得できるところを目指し続ける

長年、「何度でも挑戦する」ということを繰り返してきたからこそ、自分なりに納得のいくものを見つけられたと思います。

現場でよく私が口にする**「もう一回お願いします」というセリフは、同時に私自身の仕事の哲学であり、矜持でもあります。**

本来であれば、ナレーターの立場から「もう一度トライさせてくれ」と言うことはあまりないかもしれません。OKが出た後に「もう一度」というのは、OKを出したディレクターにも失礼です。でも、自分としては、「もう一度ここをこう変えればもっとよくなるかもしれない」という思いから、「ごめんなさい、もう一度やらせてください」とお願いすることがよくあります。

こう言うと、収録中に別のプランが体系立ってくるかのように思われるかもしれませんが、実際はその場で思いついたことをやってみたいだけなのです。だから、ＯＫが出ていても「たぶんこうすればもう少しよくなるかもしれないから、工夫をしてみたい」という気持ちが、収まらないのです。そういうときに「もう一度」と、つい言ってしまいます。

これは今でもそうで、現場にいるスタッフからは「またか」などと思われているかもしれません。

「もう一度」を聞いてくれたディレクターから「今のは良いですね」と言われ、録り直したものを採用されることも多いですが、もちろん逆もあります。「うまく決まった」と思っていても、ディレクターさんから「やっぱりさっきの方が素直で良いですね」と言われることもあります。そういうときは「わかりました。ありがとうございました」

で終わりにします。私自身は自分のやりたいことができたから、それで満足するのです。

こうしたトライ・アンド・エラーによってベストを尽くそうとする――私の場合は「何度もやってみる」ことを通して、自分なりの形が身につき、引き出しが増えていったのではないかと思います。

ただ、こうして**何度もトライ・アンド・エラーができるのは、ディレクターやミキサーの方々との関係があってこそ**なのかなとも思います。

次に向けて前を見る

テレビの世界でいうと、どうしても番組と視聴率は切り離して考えることはできません。これはおもしろい、良い作品だと思っても、正直、視聴率ばかりは放送してみないとわからないものです。だから、自分ではあまり気にしないようにしています。とはいえ、後日視聴率が芳しくなかったと聞くと、「私が読んだからおもしろくなかったのかもしれない」「ほかの人が読んでいたら、違った結果になっていたかもしれない」という思いが少なからず出てきます。

番組制作に携わっている以上はそうしたことを考えてしまいます。でも、**自分でできることはやったから、後にそれがどう評価されているかを気にしていてもしようがありません**。

「自分が表現しきれていなかったかな」などと顧みることはありますが、それよりも、次に同じような内容の番組を担当することになったときに「ここはどんな感じで読みましょうか!」と、ディレクターに相談しながら変えていくなど、**次に向けて前を見ることが大切**だと思っています。

それでもやはり、自分のやれるようにしか、やれないという気持ちもあります。その点で切り替えが大事です。当然、評価は評価として受け止めますが、「視聴率が悪かったか、仕方がない」という切り替えが大事です。次は、また作品に合ったナレーションを目指すのです。

3

自分の根底にある「やってみたい」という欲

機会があればチャレンジしたい

私の根底には**「読みたい」「何でもやりたい」という欲がある**のだと思っています。映像があって、音楽があって、原稿があったら、そこに言葉を乗せて、表現したい。私が仕事をなるべく断らないようにしているのは、そういう思いがあるからです。そもそも好きでやっている仕事。せっかくチャレンジできる機会があるなら、やらないという選択肢はありません。

そして、仕事としてお願いされて、それを引き受けた以上、相手に喜んでもらおうと思って、夢中で仕事に取り組んでいます。

この「**仕事に夢中になれる**」という感覚だけは、自分自身をもっているというか、ほかの人に誇れるようなものだなと思っています。

「もうちょっとこうすればよくなるんじゃないか」という、自分の美意識みたいなものをひたすら追求するので、表現だけで勝負をしたいし、それで結果を出したいです。

だから、「私の表現」というより「私自身」に焦点を当てられるような、フリートークや顔出しに近い仕事の出演依頼などは断っています。ナレーターとしての仕事では結果を出せますが、原稿を読む以外のことでは、うまくいかず迷惑をかけてしまうでしょうから。

そういう意味では、アーティストというより職人なのかもしれません。

作品をつくり上げる職人として、私なりの矜持をもって完璧を目指し続けたいし、それで勝負をしたい。年齢を重ねて以前より衰えているところもありますが、まだまだがんばりたいです。

仕事へのプライドを表すカフの使い方

昔は、衣擦れや激しい息継ぎのノイズが入ったら、録り直さなければなりませんでした。だから、私にとってノイズを出してしまうということは恥ずかしいことでした。

今は技術の進歩があって、息継ぎやさまざまなノイズをカットすることができます。だから、ミキサーさんに「ブレスが入っても大丈夫です。後で取りますから」と言われることもあるのですが、「そうですか、わかりました」と、スッと受け入れられません。だから私は今もマイクに入る音を切るために置かれたスイッチ「カフ」を頻繁に使い、努めて大きなブレスを入れないようにしています。

こう振り返ってみると、私は仕事に対して、よく言えば真摯、悪く言えば完璧主義だなと感じるのですが、それは結局、**自分の心が弱い、弱いところを人にさらけ出したくない**、という思いがあるからなのだと思います。

大らかな人なら気にしないようなことでも、自分の完璧さから外れると恥ずかしいなと思ってしまうのです。YouTubeでの朗読でアクセントが違うと、恥ずかしいな、同業者ならきっと指摘するなあ、などと思い、録り直しをします。

表に出るものは、少なくとも自分の中で完璧なものにしたい。そう思って仕事をしています。

たぶん、これが私の仕事へのプライドなのだとも思います。

結果をより良いものにするということに主眼をおいて、そのプロセスへの苦労は惜しまない。そういうやり方が、私の仕事への向き合い方なのかなと思います。

いいものをつくろうとしたら、やっぱり私は何度でも「もう一回」と言うし、若いころのようにスラスラいかないこともあって、制作の手間や時間がより多くかかってしまうかもしれない。でも、それは許してもらおう。**できたものがその労力に見合っていればいいだろう**。そう思うからこそ、一生懸命ベストを尽くそうとするし、妥協ができません。

そうあろうと心がけもするし、自分基準で最高のものをつくり上げようとはしますが、それでも発音が甘くなって、何回か録り直しをすることがあります。そんなときは自分の弱みがさらけ出されて落ち込むこともあります。

そんな弱みを見せても、ディレクターやミキサーさんは「大丈夫ですよ。問題ありません」と慰めてくれて、それで安心感を得て、「じゃあまだ大丈夫だ、まだできる」と立ち上がっていることもあります。プロデューサー、ディレクター、ミキサーさんと**みんなで作品づくりをしているからこそ、最大限のパフォーマンスもできるのでしょう。**

この年になると「引き際」という言葉も浮かんでくるのですが、私が必要だとされる仕事の依頼がある現在はもちろん、やがてその数が少なくなっても、依頼がある限りやり続けていると思います。

以前、私の大先輩が、「俺たちってさ、番組が終わって、カフを下げて、はいお疲れ様でした、ありがとうございました。で、死にたいよな」と言われたことがあって、「そうですね。それならナレーター冥利に尽きますね」と話をしたことがあります。それをディレクターに話すと、「それは困ります、絶対放送できなくなっちゃう」と言わ

れたこともありましたが（笑）

でも確かに、そういう「死ぬまで仕事をしていたい」という思いがあります。**それだけナレーションという仕事が好き**なんだと思います。私だけではなく、私の先輩方も、仲間たちも、仕事が好きで、ずっとやり続けていきたいんでしょうね。

4 仕事への開き直りとプライベートの妥協

仕事のペースとナレーションの出来

以前に比べると仕事のペースは落ちて、ちょうどいいなと思う半面、物足りなく思うこともあります。

以前は休みを取れずにずっと働いたり、夜の12時から仕事が始まったりということもありました。当時はその忙しさが自分の誇りに思えたこともありました。

でも、今となってはそうした状態には懐疑的です。何より作品の出来が最も重要なので、当時の非常に忙しい日々で、果たしてうまくナレーションの仕事をまっとうできていたのかどうか。**多くの仕事をいただいて時間がないからといって、出来がおろそかに**

なっては本末転倒です。そのあたりの折り合いをつけることが大切だと思います。
一方で私としては、**好きなことをやる、何かをつくり上げる過程にあるなら、働き方や時間は大きな問題にはならないのではないか**と思ったりもします。

YouTubeの朗読を始める

私は4年前(2020年4月)から、週1回のペースで、小説を朗読しYouTubeにアップしていますが、きっかけは『情熱大陸』のリモート収録でした。まさに、新型コロナウイルス感染症が猛威を振るっている最中、番組でも、感染防止のためリモート収録を行うことになり、局のプロデューサーがマイクとパソコンを用意してくれました。

自宅と録音スタジオ、そして番組スタッフとをつなぎ、収録は問題なく続けることができました。

このときふと思ったのです。家にマイクがあるのだから、何か作品を朗読してYouTubeにアップすれば、コロナ禍で閉塞感のある生活の中で、多少の癒しになるのではないかと。

実は、２０１１年の東日本大震災のときに、声を生業としている者として少しでも役に立てたらと、ディレクターさんや放送作家さん、ミキサーさんに協力してもらい、「The Power of Voice」という作品をつくりYouTubeに投稿したことがありました（視聴回数は伸びませんでしたが、今でも良いなと思っています）。
そのときはスタジオで収録しましたが、今、目の前にマイクがある。著作権の切れた小説を録音すれば、周りを巻き込まずに気軽に発信できる。そう思い、始めたのです。

いざ始めると大変でした。作品を選んで、録音し、ノイズをカットしてと、手間のかかる作業を自分でしなければなりません。何よりつらいのが、自分の読みになかなかOKを出せないのです。この表現は違うかな、もっと艶っぽく読んだ方がいいか、いやいや、オーバーすぎるぞ、と、迷ってしまうのです。
一つの作品を仕上げるのに、サラッと終わることがないのです。結構時間がかかってしまうのです。深夜まで作業するのが当たり前になってしまいました。

つくづく、**仕事は良いな。誰かが結論を出してくれるから、自分を委ねることができ**

るから、それに役割分担が決まっていてみんなでつくるから、と痛感しました。

でも一度始めたらすぐにやめるわけにはいきません。自分の性格もあり、プライドも許しません。それにうれしいことがありました。私のチャンネルの登録者が徐々に増えていくのです。そしていろんなコメントを寄せてくれるのです。これが、聴いてくれている人がいる、という確かな証であり、大きな励みになります。コメントには感謝しながらも返信していませんが、大いに参考にしています。

今では登録者20万人を超えました。幸い1週間に一度のペースは4年以上途切れることなく続けています。

時間があれば宅録に使うので、趣味の海釣りはほとんど行かなくなりました。やはり、文章を声で表現するのが根っから好きなんだなと、あらためて感じています。

プライベートでも宿題に取り組んでしまう

最近はデジタル化が進み、仕事の映像と原稿がメールで送られ、〝宿題〟が出ることもよくあります。その宿題に熱中してしまい、自分で映像に合うタイミングを考えたり、表現を変えたりと、**家にいながら結局仕事をしているような節がある**のです。

実際には現場であたってもいいのですが、私の性格上、それができず、休みの日を使ってでも取り組んでしまいます。

だから、プライベートの方が疎かになってしまうこともあります。免許証の更新をしなければいけない。けどまだ大丈夫だと思って、そのうち過ぎてしまった……なんていうこともありました（笑）

仕事に対してはきっちり取り組んで、いいものを仕上げたい。そのためなら少なくとも自分の中では手を抜かない。こういう性質からでしょうか、以前「**窪田等は楷書体の人である**」と評した人がいます。

言い得て妙だと感じました。行書体のように形を崩すわけではないし、ゴシック体のようなグッと力のあるものでもない。映像のあるべき姿に合うような、かっちりとした言葉を、崩さず調和させることを重視する私は、確かに楷書体のような人間なのかもしれません。そのせいか、文章の流れから外れた常識を覆すようなナレーションの発想は生まれてきません。やってみたいですが、そうした機会はありませんでした。

5 ナレーター人生のターニングポイントとなった仕事

城達也さんの真似は無理だと思い至る

いろいろな仕事に取り組んできましたが、なかでもナレーターとしてのターニングポイントになったのは、『F1グランプリ』です。

この番組の前任者は、城達也さんでした。FM東京の深夜番組『ジェットストリーム』を番組開始から長年担当された、ナレーター界の大御所です。私がナレーターという仕事を認識するきっかけとなった黒沢良さんや軽快な語り口調の矢島正明さんとともに、CMナレーター界の巨匠でした。

『F1グランプリ』のナレーションを担当することになった当初は、城達也さんの後続という立場が非常に重荷でした。『F1グランプリ』を担当できるうれしさよりも、比較されることになる不安の方が大きかったのです。

その意識があって、城さんの語り口調を真似しようかとも考えたのですが、やはりあの世界観を私が出すのは無理だと思い至ります。

自分の色でやるしかない

城さんの読みの美しさ、上品さ。声のよさはもちろんですが、一定の音域で語りかけるあの読み方は城さんならではのもの。そんな語りは私にはできないし、何より借り物の読み方ではダメだと思いました。であれば、自分の語りでやるしかない。**真似ではなくて、あの世界観は損なわないよう、自分なりにやってみよう。ダメ出しされたら何度でもやり直せばいい。**

自分の思いで勝負しよう――そう心が決まりました。幸い大きなダメ出しはされませんでしたが、城さんの美しい世界から、荒削りではあるけれど、ちょっと若々しく躍動的なイメージにシフトし、徐々に馴染んでいったと思います。やがて何年か経ち、「F1といえば窪田等」と言ってもらえるようになり、そのときは**ようやく認められたと心からうれしかった**ですね。

自分の色を捨てなかったからよかったんだろうなと、今振り返ってもそう思います。**いろいろな葛藤があって、迷いもあったけど全力でぶつかって認められた。**まさにナレーター人生のターニングポイントです。

城さんの「品の良さ」を取り入れた

自分の色で勝負しながら、城さんのナレーションから、そして構成作家の高桐唯詩さんから学び取ったことがあります。

それは「品格」です。高桐さんの文章は大胆でキレがあるのです。「F1よ、世界を回るスピードの申し子たちよ」という感じです。

これを城さんが読むと品格があり、加えて心地良いのです。私が『F1グランプリ』のナレーションを担当するにあたって、そうした世界観は崩したくないと思いました。

私のナレーションの基本は、状況に合わせ、緊張感をもたせるような語り口調でした。そこで勢い任せに読むと、疾走感はあるけれど、どこか安っぽくなってしまいます。そうならないよう、品があるように魅せる話し方はかなり意識しました。

言葉の意味とイメージを大切に間とテンポで変化をもたせる城さんの品格とはまた違った、あくまで私なりの「品のよさ」を意識しつつ、リズムや音楽に乗せて心地よさを表現したい。やはり、**言葉を大事に表現することに尽きます**。

「F1よ。（ポーズ）世界を回る（小さなポーズ）スピードの申し子たちよ！」「F1よ」を強く、ポーズをとって「世界を」膨らませて「回る」はサラッと。「スピードの」はスピード感を出し、やや強く、「申し子たちよ」をたっぷりめに言って「よ」に余韻をもたせて締める。文章で表すとこんな感じでしょうか。

また、ディレクターだけでなく構成作家の高桐さんからの指示もありました。

頑なに自分の色を出すことに執着するのではなく、**先人のよさを採り入れながら、自分の引き出しとなるよう学んでいく**——。仕事をするうえで大切なことだと思います。

ナレーター「窪田等」ができ上がった仕事

『F1グランプリ』は、私のナレーター人生のターニングポイントであったと同時に、ナレーター「窪田等」の形を見つけることができた仕事だと思っています。高桐さんの文章に出合い、読み方を考え、表現していく中で、自分のナレーションの方向性が見えてきました。


また、そこでつちかったナレーションの奥行き、色あいが、『情熱大陸』にもつながっています。

ナレーションを始めて長い年月が経ち、「ナレーター・窪田等」としてのひとつの形はできていますが、やはり城さんをはじめとした先輩を越えることはできないし、一方で若いナレーターの人たちの中には、自分にはできないパンチの効いた派手なパフォーマンスや表現で番組を盛り上げる人もいて、うらやましいなと思います。ただ、そうは思うものの比較するものではないでしょう。**自分に求められるナレーションで、完成度を高めていくのが私の仕事ですから。**

でも、オファーがあれば、派手なパフォーマンスにも挑戦してみたいですよ。「こうしてみたい」。それがだめなら「こうしよう」と何度でもやり直すのは、望むところですからね。

みなさんも仕事をしていて、優秀な前任者と比べられることがあるかもしれません。それでも自分は自分です。**ほかの誰でもない、あなたに求められている仕事に対して自信をもって取り組んでいってもらえればと思います。**

そして、それは伝え方も同様です。私もどのように視聴者のみなさんに伝えるか迷ったように、みなさんそれぞれに伝え方があります。

ここまでいろいろと私の経験をお話ししてきましたが、これらがみなさんの伝え方を考えるきっかけとなれば、うれしいです。

窪田 等（くぼた・ひとし）

ナレーター、声優。山梨県立甲府工業高校卒業後に富士通に入社し、試験課に配属。通勤時に電車内で見たCMナレーター養成講座の受講生募集の中吊り広告をきっかけに、ナレーターの道へと入る。以降、テレビ、ラジオなどの各媒体でドキュメンタリー、情報バラエティ、ＣＭなどあらゆるジャンルのナレーションをこなす。明確でわかりやすい口調や主張しすぎない語り口、抜群の安定感といったナレーション技術に定評があり、「彼の声を聞かない日はない」と言われるほど、あらゆるメディアでのナレーションを務める。2020年4月21日には、朗読に特化したYouTubeチャンネル『【公式】窪田等の世界』を開設。代表作に「情熱大陸」（毎日放送、全国TBS系）、「Ｆ１」（フジテレビ系）があるほか、「マスターズ」（TBS）、「THEフィッシング」（テレビ大阪、全国TX系）、「もうひとつの箱根駅伝」「24時間テレビ」（日本テレビ）、「地球に乾杯」「パリオリンピック」（NHK）、映画「憧れを超えた侍たち 世界一への記録 2023 WORLD BASEBALL CLASSIC」など、ナレーターとして出演作品多数。

唯一《ゆいいつ》無《む》二《に》の「声《こえ》」と「間《ま》」で紡《つむ》ぐ

情熱《じょうねつ》が伝《つた》わる言葉《ことば》の力《ちから》

2024年10月２日　初版発行

著　者　窪田《くぼた》 等《ひとし》
発行者　山下 直久
発　行　株式会社KADOKAWA
〒102-8177　東京都千代田区富士見2-13-3
電話0570-002-301（ナビダイヤル）
印刷所　TOPPANクロレ株式会社
製本所　TOPPANクロレ株式会社

●お問い合わせ
https://www.kadokawa.co.jp/（「お問い合わせ」へお進みください）
※内容によっては、お答えできない場合があります。
※サポートは日本国内のみとさせていただきます。
※Japanese text only

定価はカバーに表示してあります。

ISBN 978-4-04-607092-0　C0030